Niels Lehmann & Christoph Rauhut

FRAGMENTS OF METROPOLIS BERLIN

Berlins expressionistisches Erbe
Berlin's Expressionist Legacy

HIRMER

Das Buch ist das erste Ergebnis unserer
Dokumentation der Architektur des Expressionismus, welche uns seit 2010 durch
ganz Europa führt. Die noch vorhandenen
Fragmente sind Zeugen einer Avantgarde,
die durch das Mittel der Architektur einer
neuen Gesellschaft Ausdruck verlieh –
die Gebäude sind gebaute Utopie. Ihre
Verdichtung innerhalb des vorliegenden
Buches soll die Vielschichtigkeit und Ambivalenz des Grossstadtbegriffs ›Metropolis‹
spürbar und die damalige Bedeutsamkeit
der expressionistischen Vorstellungswelt
visuell nachvollziehbar machen.

In Berlin, dem wohl wichtigsten Zentrum
der Bewegung, war der Austausch zwischen
Malerei, Literatur, Musik, Bildhauerei und
der Architektur besonders intensiv und
befruchtend. Mit dem Buch wollen wir un-
sere Faszination für diese interdisziplinäre
Praxis des Bauens, die sich in den Gebäu-
den manifestiert, teilen und hoffen so auch
den zeitgenössischen Architekturdiskurs zu
bereichern.

Niels Lehmann & Christoph Rauhut

The book is the first result of our efforts to document the architecture of Expressionism, which since 2010 has led us all over Europe. The surviving fragments are witnesses of an avant-garde that gave expression to a new society through architecture: the buildings are built utopias. Assembling them in this book should serve to make visible the many-layered nature and ambivalence of the idea of 'Metropolis' itself, and to make the significance of the Expressionist imagination at the time visually comprehensible.

In Berlin, easily the most important centre of the movement, the exchange between painting, literature, music, sculpture and architecture was particularly intensive and fertile. With this book, our motivation was to share our fascination with this interdisciplinary building practice that was manifested in the buildings, in the hope of enriching contemporary architectural discourse.

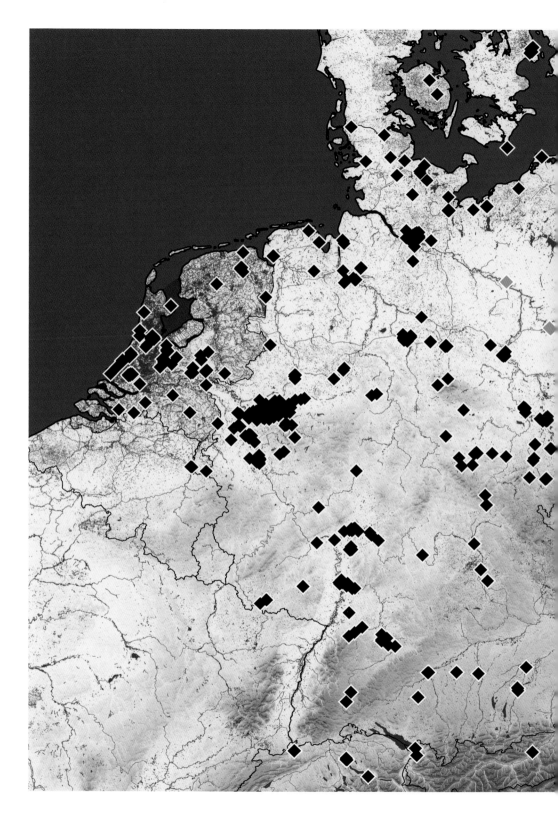

Nord- & Ostsee | North Sea & Baltic, Niederlande | Netherlands,
Berlin, Rhein & Ruhr (erschienen | published), Osteuropa | Eastern
Europe, Mitteldeutschland | Central Germany, Süddeutschland,
Schweiz & Österreich | South Germany, Switzerland & Austria

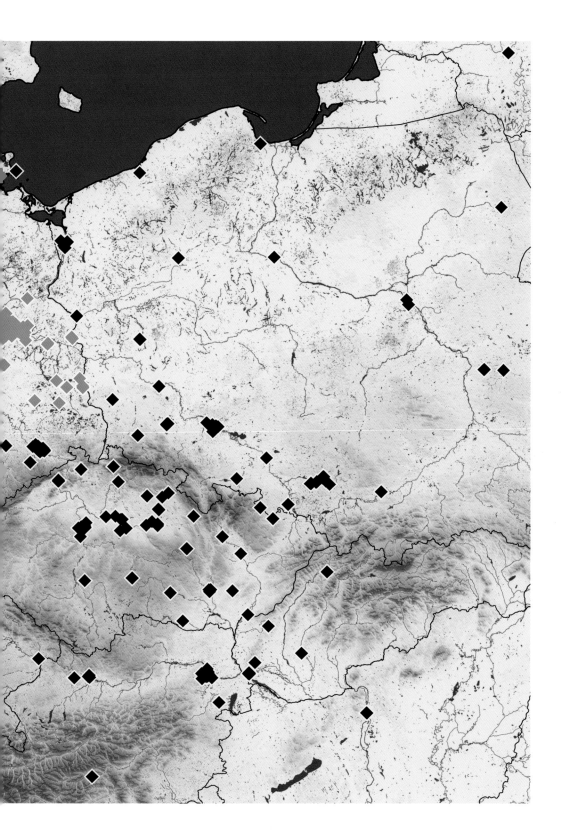

INHALT
CONTENTS

Hans Kollhoff

EXPRESSIONISMUS HEUTE?

Alles ist Expression heute, sie springt einen von allen Seiten unverschämt an, bisweilen gewalttätig. »Expressionist – Ausdruck purer Entschlossenheit«, behauptet gerade ein Furcht einflößendes Automodell von sich. Man sehnt sich nach Residuen der Nichtexpression, der Gewohnheit und Selbstverständlichkeit. Etwas, in das man eintauchen kann, ohne aufdringlich gestört zu werden im Alltäglichen. Doch das Alltägliche ist zur forcierten Expression aller gegen alle geworden.

In der Architektur fällt heute ein einfaches, aus der tektonischen Überlieferung hervorgegangenes Haus auf als expressive Geste der Verweigerung, provokanter als der Einsteinturm seinerzeit. Die Provokation des Althergebrachten, Altmodischen als Revolte gegen den allgegenwärtigen Zukunftsverschleiß! Weshalb also heute eine opulente Dokumentation expressionistischer Architektur?

»Wirklichkeitszertrümmerung« nannte Gottfried Benn den Expressionismus, denn »Wirklichkeit, das war ein kapitalistischer Begriff«. Für Gottfried Benn war die »innere Erregung« des Expressionismus die »letzte große Kunsterhebung Europas, ihr letzter Strahl, während schon ringsumher die lange, großartige, zerfurchte Epoche starb! [...] Was jetzt beginnt, was jetzt anhebt, wird nicht mehr Kunst sein.« Ja, der architektonische Expressionismus wollte unbedingt Kunst sein und sei es um den Preis des Architektonischen.

Wirkt er deshalb so verführerisch auf den zeitgenössischen Architekten, wenngleich Kunst zur bloßen Behauptung degeneriert ist und der Expressionsdrang sich unversehens in den Dienst des Massenkonsums genommen sieht?

Der frühe Expressionismus suchte Zuflucht bei der Skulptur und mehr noch, beim Theater. Keineswegs aber wollte diese Ausdruckskunst bloß in die »Vergangenheit zurückblicken«, wie modernistische Architekturtheorie häufig glauben machen will. Ganz im Gegenteil ging es darum, einem aufkommenden Funktionalismus im Gewand der ›Neuen Sachlichkeit‹ mit bewusstem Bekenntnis zur architektonischen Form entgegenzutreten, die eben nicht nur eine Summe aus Gebrauchszweck, Material, Konstruktion und Ökonomie sein kann, wie es Siegfried Giedion und wenig später Hannes Mayer kategorisch verlangten.

Expressionistisches Bauen ist handwerkliches Bauen, was nicht selten als Kulturpessimismus verstanden wurde, sich bei genauerem Hinsehen aber als frühe Kritik an einer kapitalistischen Lebenswelt zu erkennen gibt, in der auch künstlerischer Ausdrucksdrang sich ökonomischen Prinzipien zu unterwerfen begann, ein Aufbegehren gegen die architektonische Moderne mit ihrem unbedingten Technikglauben, denn dieser Technik hafte eine »Kälte der Erscheinung« (Hans Poelzig) an. Walter Gropius hatte ja schon 1923 in vorauseilendem Gehorsam das Bekenntnis des Bauhauses »Kunst und Handwerk« in »Kunst und Technik« gewendet.

Nimmt man den architektonischen Expressionismus nicht nur als Modeerscheinung, sondern als forcierten tektonischen Ausdruckswillen, dann trennt sich schnell die Spreu vom Weizen, Erich Mendelsohns Einsteinturm von Fritz Högers Chilehaus. Damit ist die Problematik umrissen: Geht die Versuchung, skulpturalen Effekten nachzugeben, zu Lasten architektonischer Integrität? Das Skulpturale, so verführerisch es sein mag als Vehikel, der Dürftigkeit der Abstraktion und der Banalität des Funktionalismus zu entkommen, birgt immer auch die Gefahr eines belanglosen Individualismus in sich. Dieser mag für einen Moment Aufsehen erregen und Vermarktungsinteressen befriedigen, kippt aber unversehens ins Modisch-Zeitbedingte, ins Unarchitektonische, denn Architektur setzt auf Dauer, materiell wie ideell.

Eben an diesem Punkt setzt der Expressionismus eines Hans Poelzig an als Besinnung auf das Architektonische, auf das Konstruktive im Architektonischen, das es auszudrücken gilt. Was wäre dabei naheliegender, als aus der formbaren Erde heraus zu schaffen, aus dem modellierten Lehm und dem gebrannten Ton? Was wäre einleuchtender, als sich der Empfindung des Menschen gegenüber der ungefügten, plumpen Masse zu erinnern und gegliederte Gestalten zu schaffen, die ihm gleich sind?

Doch nicht nur um Skulptur ging es Hans Poelzig und Fritz Höger und den vielen kaum bekannten großen Bau- und Raumschöpfern, einem Heinrich Müller etwa, der einer technischen Bauaufgabe zu prägnantem, monumentalem Ausdruck verholfen hat. Es ging ums Bauen, aber auch um die bauliche und räumliche Erfahrung, ja Huldigung moderner Ansprüche und funktionaler Zusammenhänge, die gleichsam geknetet werden konnten, auf archaische, unmittelbare Weise, so wie ein Kind aus dem Schlamm und aus Plastilin zu kneten beginnt, um Menschen, Häuser und die erstaunlichsten Fantasiegebilde hervorzubringen. Das war die Stimmung der ›Gläsernen Kette‹, zurück zu den unverfälschten Kindheitserinnerungen, zum unbeschwerten Spiel mit Farben und allem formbaren Material. Und da erinnerten sich einige Architekten an die Tektonik, die diesem Spiel feste Regeln gibt, Regeln, die der Erfahrung des Bauens selbst entstammen. Ein System von Spielregeln, das erst ein Vitruv in Worte zu fassen begonnen hatte und ein Alberti logisch zu durchdringen verstand.

Die Expressionisten standen nicht im Widerspruch zu einer klassischen Architektursprache, sie teilten mit ihr ja die tektonische Herkunft alles baukünstlerischen Tuns, wenngleich sie einer Sehnsucht nach archaischer Ursprünglichkeit gegenüber einem Prozess unendlicher, ins Dekadente zu kippen drohender Verfeinerung den Vorzug gaben. Dabei näherte sich das architektonische Empfinden unversehens gotischen Prinzipien der Plastizität und Raumbildung. Vor allem die norddeutschen Architekten glaubten unmittelbar an die hanseatische Backsteinarchitektur anknüpfen zu können, an die profanen Bürgerhäuser, insbesondere aber die atemberaubenden Hallenkirchen. »Ein Volksstil« war die

Gotik für Karl Scheffler, demokratisch und mit dem »Rhythmus eines erregten Kollektivismus« und der »Linie des Freiheitsdrangs«.

Und nichts Anderes begann uns zu interessieren vor bald einem halben Jahrhundert, einer Zeit des sogenannten Dekonstruktivismus, eines schwindsüchtigen Stylings, das sich bald darauf im Wettbewerb mit einer Postmoderne sah, die sich ironisierend der klassischen Sprache der Architektur näherte. Da empfanden wir jungen Architekten wieder die expressionistische Sehnsucht nach gestaltbarer Masse, nach einem Bauen, das nicht entworfen und gebastelt wird, sondern gleichsam aus sich heraus, morphologisch Form gewinnt, aus der Erde hervordrängt, sich aufrichtet und im Himmel verflüchtigt.

An eine Modernität, die aus der Tradition hervorgeht, bruchlos, aber sich allem Stilistischen verweigert, daran glaubten die Expressionisten und so gelang ihnen ein eigener Stil. Damit vertreten sie für uns heute eine »andere Moderne«, die sich intuitiv schon gegen den weißen Modernismus in Stellung gebracht hat, bevor sich dieser als ›International Style‹ feiern ließ.

Literatur

Benn, Gottfried: Bekenntnis zum Expressionismus, in: Deutsche Zukunft 1 (1933), Nr. 4, S. 15–17.

Scheffler, Karl: Der Geist der Gotik. Leipzig 1917.

Hans Kollhoff

EXPRESSIONISM TODAY?

These days everything is expression —
leaping at you shamelessly from all sides, in the
meantime, rather violently. As I write, a terrify-
ing model of car refers to itself as "Expressionist:
the form of pure decisiveness". One longs for the
residue of the non-expressive, the usual and self-
evident. Something in which you can immerse
yourself without being left dysfunctional in the
everyday. Yet the everyday has become the la-
boured expression of all against one another.

In architecture today, a simple building
tectonically derived from that which has gone
before stands out as an emphatic gesture of denial,
more provocative than the Einstein Tower was in
its time. How provocative – the traditional and
old fashioned as a revolt against inevitable decay
in time! Why then, today, do we have before
us an opulent documentation of Expressionist
architecture?

Expressionism was seen by Gottfried
Benn as the "shattering of reality", for "reality [...]
was a concept of capitalism." For him, the "inner
excitement" of Expressionism was the "last great
artistic upheaval of Europe, its last spurt, whilst
all around, the long, magnificent, unruly era was
dying. [...] What now begins, what now emerges
will no longer be Art [...]." Yes, Expressionism
in architecture aimed absolutely to become art,
even at the expense of the architectural. Is it because of this that it is so alluring to contemporary

architects, even though art has degenerated into mere proposition and the urge to express oneself has been invisibly put into the service of mass consumption?

Early Expressionism sought refuge in sculpture, and more still, in theatre. In no way, however, did this art of expression want simply to "look to the past", as modernist architecture theory would have you believe. Rather, it was about opposing an emerging functionalism clothed as the New Objectivity with a conscious avowal of architectural form – that architecture can be more than simply the sum of use, material, construction and economics, as Siegfried Giedion and a little later, Hannes Meyer categorically demanded.

Expressionist construction is construction rooted in craft – something that was often understood as cultural pessimism, but which upon closer examination can be recognised as an early critique of a capitalist environment in which the need for artistic expression began to be subsumed by the principles of economics; a protest against the architectural modernism with its absolute belief in technology; for this technology adhered to what Hans Poelzig thought of as a "coldness of appearance". Walter Gropius had, of course, obediently turned the allegiance of the Bauhaus from "Art and Craft" to "Art and Technology" as early as 1923.

If you take the architecture of Expressionism not just as a fad, but rather as the hard-worked desire for tectonic expression, then the wheat quite quickly becomes separated from the chaff: Erich Mendelsohn's Einstein Tower from Fritz Högers Chile House. Thus the problem is delineated: is the temptation of sculptural effect pursued at the expense of architectural integrity? As alluring as the sculptural may be as a vehicle to escape the poverty of abstraction and the banality of functionalism, it always carries within it the danger of trivial individualism. This might, for a moment, stir excitement and placate the demands of marketing, but it can tip suddenly into the fashionable, time-dependent – into the non-architectural; for architecture is oriented towards perpetuity, both physically and in its conception.

It is at this point that the Expressionism of Hans Poelzig establishes a consciousness of the architectural – of the constructive inherent in the architectural – that is there to be expressed. What is more natural than to work with the malleable earth; with sculpted loam and fired clay? What is more lucid than to present human perception with a tectonic order that both reminds one of its origins in lumpen mass, whilst also being worthy of the observer.

For Hans Poelzig, Fritz Höger and the many little-known great creators of spaces and buildings it was not solely about sculpture. Even for someone like Heinrich Müller, who gave a technical brief a powerful, monumental expression. It was, rather, about building – but also about the constructive and spatial experience – the obedience towards modern requirements and functional settings that could be just as easily worked in an archaic, direct way, like a child who begins to knead mud and plasticine to bring forth people, buildings and the most incredible figures of the imagination. That was the spirit of the Glass Chain: back to the unadulterated childhood memories, to the unburdened game with colour and all formable materials. And a few architects were reminded of the tectonics that gave this game hard rules; rules that derived from the act of building itself. A system of rules that Vitruvius first began to put into words and Alberti understood as being permeated by logic.

The Expressionists were not opposed to the classical language of architecture; they shared with it the tectonic provenance of all that the act of building entails, although they also gave precedence to a longing for an archaic originality, a process of endless refinements that often threatened to tip over into decadence. There, the architectural sensibility suddenly approached the Gothic principles of plasticity and formation of space. It was mainly the North German architects who believed they established a direct continuation of Hanseatic brick architecture – the profane domestic architecture and in particular, the hall churches. For Karl Scheffler, the Gothic was a "folk style", democratic and associated with the "rhythm of an excited collectivism" and the "urge towards freedom".

And it was this that began to interest us almost half a century ago now, in an era of so-called Deconstructivism – a form of styling addicted to velocity, that soon saw itself in competition with the Post-modernism that ironically approximated the classical language of architecture. There, we young architects felt once more the Expressionist longing for formable mass, for a way of building that is not designed and knocked together, but rather gains its morphological form from its own inherent order, emerges from the earth, sets itself upright and vanishes towards the sky.

The Expressionists believed in a modernity that emerged from tradition but without rupture and which denied all forms of the purely stylistic; this was how they were able to achieve their own style. For us they represent 'another Modernism', that was intuitively opposed to that kind of white Modernism before it was ever celebrated as the International Style.

Literature

Benn, Gottfried: Bekenntnis zum Expressionismus, in: Deutsche Zukunft 1 (1933), no. 4, pp. 15–17.

Scheffler, Karl: Der Geist der Gotik. Leipzig 1917.

Christoph Rauhut

METROPOLIS IM WERDEN

Berlin war vor dem Ersten Weltkrieg keine
Metropole. Seine politische, wirtschaftliche und
kulturelle Bedeutung war – obgleich es Deutsch-
lands größte und Europas viertgrößte Stadt war –
mit den wirklichen europäischen Metropolen London und Paris, in mancher Hinsicht auch Wien,
nicht zu vergleichen. Berlin war vielmehr Primus
inter Pares unter den Großstädten des Deutschen
Reiches.

Doch begann nach den Grauen des Weltkriegs, befördert durch einen kollektiven Ekel vor
der Raserei des Krieges, das gemeinschaftliche
Experiment, eine Metropole – eine Weltstadt – zu
werden. Ein Baustein waren die Groß-Berlin-Ge-
setze von 1920, mit denen die Stadt ihr Umland
eingemeindete und damit fast 4 Millionen Ein-
wohner hatte. Steigern konnte die Stadt auch ihre
Bedeutung: Zwar residierte die politische Hege-
monialmacht Europas weiterhin vornehmlich in
Paris und London, doch etablierte sich – nach
einigen ersten Wirren – in den Zwischenkriegs-
jahren eine neue wirtschaftliche Stärke, vor allem
aber auch eine weltweit ausstrahlende kulturelle
Szene: Berlin war in den Goldenen Zwanzigern
die Zeitungs- und Medienstadt, die Film- und
Kinostadt, die Literatur- und Theaterstadt, die
Musik- und Kabarettstadt, die Wissenschafts- und
Technologiestadt und avancierte zudem zu einem
Epizentrum des zeitgenössischen (reformerischen)
Architekturdiskurses.

Getragen wurde dieser Diskurs von der Vorstellung und Hoffnung, mit einer neuen Architektur und einem neuen Städtebau zu einer neuen, besseren Gesellschaft beitragen zu können – man wollte weg von den politischen und gesellschaftlichen Formalismen des 19. Jahrhunderts, weg von den miefigen Mietskasernen aus jener Zeit. Grob zusammengefasst prägten zwei unterschiedliche Positionen die Diskussion: Auf der einen Seite stand die Strömung des ›Neuen Bauens‹ (beziehungsweise später der ›Neuen Sachlichkeit‹), die vor allem (aber nicht nur) im Umfeld der Bauhaus-Schule diskutiert wurde. Hier stand der Anspruch und die Vorstellung, funktionsgerecht zu bauen, im Vordergrund. In den architektonischen Umsetzungen dominierten letztlich geometrisch-einfache Formen, immer wieder wurde der Einsatz moderner (industrieller) Materialien versucht. Auf der anderen Seite stand der Wunsch nach einer stärker narrativen, ausdrucksvolleren Architektur, der vor allem in Gruppierungen wie der ›Gläsernen Kette‹ oder dem Arbeitsrat für Kunst während der Zeit des Weltkriegs ausformuliert worden war. Hier stand unter anderem der Wandel der Stadt im Vordergrund; neue Bauten waren erste Leuchtfeuer auf dem Weg zu einer gänzlich anderen Stadt – der Metropolis. Die mit dieser Haltung verwirklichten Bauten, die heute gemeinhin als expressionistische Architektur bezeichnet werden, betonen die Möglichkeit eines Neuanfanges über Kontinuität: Vielfach griff man auf tradierte, genuin architektonische Eigenschaften zurück, betonte etwa Materialität und Handwerk. Vor allem in den Fassadengestaltungen ist aber auch eine Ambivalenz von Neuanfang und Kontinuität zu erkennen: Die Fassaden sind einerseits gekennzeichnet durch ›klassische‹ architektonische Eigenschaften, durch übereinandergreifende Flächen, die das Vertikale der Gebäude betonen, und durch gestaltete Systeme von Licht und Schatten, welche die Tiefe der Fassade andeuten, andererseits aber auch geprägt durch eine »Ungleichzeitigkeit von Form und Bewegung« (Jan Maruhn) – durch das betont Expressive.

Kurz nach dem Ersten Weltkrieg wurden beide Strömungen noch als gleichwertige Möglichkeiten diskutiert. Es gab viele (auch prominente) Architekten, die Ideen und Vorstellungen beider Auffassungen bedienten. Ein Beispiel ist etwa das heute zerstörte Haus Sommerfeld, ein unter der Leitung von Walter Gropius (1883–1969) entstandenes frühes Gemeinschafts- und Lehrprojekt der Bauhaus-Schule, im Jahre 1921 noch in klar expressionistischer Formensprache errichtet. Die erfolgreichen und einflussreichen Architekten der Zeit wollten sich auch keiner Strömung einseitig zuordnen lassen, versuchten vielmehr ihre eigenen Akzente zu setzen – wie etwa Hans Poelzig (1869–1936) ab 1920 als begeisterungsfähiger Hochschullehrer mit Meisteratelier an der Berliner Akademie der Künste.

Doch fokussierte der architektonische Elitendiskurs im Laufe der 1920er-Jahre zunehmend auf das ›Neue Bauen‹. Auch deshalb wird diese Richtung generell als die zentrale zeitgenössische Architekturströmung angesehen. Allerdings überdeckt diese Sichtweise den großen Anklang und die weite Verbreitung, den die expressionistischen Vorstellungen beinahe während der ganzen Zwischenkriegszeit fanden. So bauten unzählige Architekten expressionistische oder zumindest an entsprechende Ideale anknüpfende Gebäude – nicht nur, aber vor allem auch in Berlin. Denn hier, wo in jener Zeit der Austausch zwischen Malerei, Literatur, Musik, Bildhauerei und der Architektur besonders intensiv war, war der Expressionismus mehr als alle anderen Strömungen die Avantgarde der Zeit.

Aus baulicher Sicht war Berlins Metropolenwerdung der 1920er-Jahre die Neuinterpretation einer bereits vorhandenen Hauptstadt. Das Zentrum war zu diesem Zeitpunkt bereits über 150 Jahre lang durch die großen preußischen Baumeister, durch David Gilly, Karl Friedrich Schinkel, Peter Joseph Lenné, August Stüler, als monarchischer Sitz und Verwaltungshauptstadt gebaut worden. Wenn auch weitläufig gestaltet, stand es somit nur begrenzt zur Disposition. So war das 1918/19 von Hans Poelzig umgebaute Große Schauspielhaus zwar ein äußerst markantes und frühes Zeichen des expressionistischen Aufbruchs im Zentrum der Stadt, aber beinahe auch das Einzige. (Das Gebäude überstand den Zweiten Weltkrieg relativ unbeschadet, wurde aber 1988 abgerissen.) Die bauliche Neuinterpretation Berlins fand vor allem in den an das Zentrum angrenzenden Bezirken und den Außenbezirken statt. Die hier errichteten Bauten sind Zeichen des technischen, politischen und kulturellen Wandels, den Berlin in jener Zeit durchlief: Denn die hier gebauten Verlagshäuser und Parteizentralen, Gewerkschafts- und

Genossenschaftsgebäude, Konsumtempel und Filmtheater, Autogaragen und Bahnhöfe, Infrastrukturbauten und Funkhäuser waren nicht nur neue Bauaufgaben der Zeit, sondern spiegelten mit ihrer Funktion auch die zeitgenössischen Umwandlungsprozesse und Kontroversen der Gesellschaft und Stadt wider.

So waren ein erheblicher Anteil der expressionistischen Gebäude Bauten für die technische Infrastruktur der Stadt, viele waren elektrotechnische Spezialbauten wie Ab- und Umspannwerke, Gleichrichterwerke oder die sogenannten Stützpunkte. Diese Fokussierung ist kein Zufall, war doch die elektrotechnische Industrie seit 1900 ein Kernbereich der Berliner Wirtschaft, die Stadt »eine Wiege der Elektrifizierung und der Elektroindustrie«, wie es Jörg Haspel formulierte. Untrennbar verbunden sind viele der elektrotechnischen Spezialbauten mit dem Namen Hans Heinrich Müller (1879–1951) und den Berliner Städtischen Elektrizitätswerken, zumeist BEWAG genannt. An eine rechtliche Neuaufstellung anknüpfend verfolgten die Elektrizitätswerke ab 1923 einen intensiven Expansionskurs. Ziel war es unter anderem, eine flächenmäßig deckende und leistungsfähige Stromversorgung zu installieren. Viele der hierfür benötigen Nutzbauten wurden auf abseitigen Brachflächen erstellt, einige mussten aber auch in die gebaute Stadt und den bestehenden Stadtgrundriss eingefügt werden. Für die Architektur aller Bauten war von 1924 bis 1930 Hans Heinrich Müller als Leiter der Bauabteilung verantwortlich (10, 11, 81, 95, 100, 101, 106, 112, 117). Ihm gelang es, für diese neuartige Bauaufgabe eine einheitliche, doch jeweils eigene Architektursprache zu finden: Zumeist handelte es sich um Ziegelbauten, einige deuten Analogien zu den archaischen Anfängen der Bauweise an, allen gemeinsam ist eine Betonung ihrer Vertikalität und Skulpturalität, gleichwohl inszenieren sich die Bauten nie als Einzelobjekt im Stadtraum. Heute ist die elektrotechnische Nutzung der Mehrheit dieser Bauten aufgegeben. Fast alle sind aber erhalten, die neuen Nutzungen variieren von Wohnen über Arbeiten bis hin zu Kultureinrichtungen.

Die BEWAG und ihr Architekt Müller sind ein Paradebeispiel für eine expressionistische Unternehmensarchitektur, bilden darin aber keine Ausnahme: Als zum Beispiel in den Jahren 1927 bis 1929 die ›Große Elektrisierung‹ der Eisenbahn anstand und die lokalen Bahninfrastrukturen zur heute S-Bahn genannten Stadtschnellbahn umgebaut wurden, gab es eine ähnliche Synthese zwischen der Berliner Reichsbahndirektion und dessen Architekten Richard Brademann (1884–1965). Eigens für den Regierungsbaumeister Brademann war 1920 innerhalb der lokalen Verwaltung der Reichsbahn eine Abteilung gegründet worden. Mit dieser plante und verwirklichte er neue Bahnhofsgebäude und beinahe alle neu benötigten Stromversorgungsbauten in der zweiten Hälfte der 1920er-Jahre – von kleinen Umform- oder Gleichrichterwerken bis hin zu großen Schaltwerken (25, 36, 37, 38, 39, 49, 86, 105). Wie Müller knüpfte auch Brademann mit seinen Bauten an die Berliner Backsteintradition an; ähnlich wie dieser schuf er eine Unternehmensarchitektur, die eine personale Gleichsetzung mit ihm als Architekten bedeutete. Wiederum sah man als Ideal für die modernen Bauten die Architektur des Expressionismus, verband so auch Geschichtsbewusstsein mit Aufbruchshoffnung, versuchte eine Verbildlichung des Neuen.

Die Idee von Architektur als Identitätsbild eines Unternehmens ist auch bei weiteren Betrieben zu finden: Die mit dem Wort ›Geyer‹ verzierten Bänder in der Backsteinfassade der Filmkopieranstalt Geyer-Werke AG (96) sind vielleicht der offenkundigste Beleg; die Verwaltungsbauten der Allgemeinen Ortskrankenkasse (52, 66, 85, 113, 120) wahrscheinlich der ambitionierteste Versuch, da stets unterschiedliche Architekten an dem einen Bild des Unternehmens bauten; und der von Fritz Höger (1877–1949), dem hanseatischen Anführer eines Backsteinexpressionismus, gestaltete Erweiterungsbau der Zigarettenfabrik Garbaty (103), wie auch seine Gestaltung eines Fabrikationsgebäudes der Parfümeriefabrik Scherk (78), sind wohl die dezidiertesten Umsetzungen. Bezeichnend ist in allen Fällen die Rolle des Bauherrn: Dieser war bereit und gewillt, in den Architekten und in die Architektur als Unternehmenskultur zu investieren.

Vielleicht zeigt sich deshalb auch in der Industriearchitektur am deutlichsten das expressionistische Motiv der Stadtkrone, eines zentralen Baus in der Mitte der Stadt, der alle anderen überragt – wie es Bruno Taut in seinem grundlegenden Werk *Die Stadtkrone* 1919 formulierte. So vermitteln etwa die Disposition der Buchdruckerei des Ullstein-Verlages (134) von Eugen Schmohl

(1880–1926) mit ihrem zentralen Turm, in dem einige Räume der Setzerei untergebracht waren, oder auch die Anlage der von Erich Mendelsohn (1887–1953) gestalteten Hutfabrik Friedrich Steinberg, Herrmann & Co (34) mit dem überhöhten Färbereigebäude in der Mitte der Anlage genau jene Vorstellung. Die Stadtkrone ist hier aber (neben der Funktion des Gebäudes bzw. Gebäudeteils) eigentlich nur ein repräsentatives Element; die von Taut betonte zentrale, öffentliche und transzendentale Funktion wurde im Kontext industrieller Nutzbauten nicht verwirklicht.

Repräsentative und spirituelle Funktionen erfüllte das expressionistische Formenvokabular vor allem im Kontext der Sakralarchitektur. Ein Dutzend expressionistische Kirchenbauten wurden zu der Zeit von ebenso vielen verschiedenen Architekten – unter anderem solch bekannten Protagonisten wie Fritz Höger, Martin Kremmer (1894–1945) oder Fritz Schupp (1896–1974) – errichtet. An den Bauten offenbart sich eine großartige Diversität: So gibt es unterschiedlichste städtebauliche Situationen – von Kirchen, die als Solitär auf einer Platzanlage inszeniert sind, über solche, die sich an prägnanten Stellen in den Stadtgrundriss einfügen, bis hin zu solchen, die einen Teil einer Blockrandbebauung bilden und nur durch die Gestaltung der Fassade als Sakralbau zu erkennen sind –, ferner ist auch das benutzte architektonische Vokabular überraschend divers – teilweise wird mit großen volumetrischen Gesten die Vertikalität betont, mancherorts wird die Plastizität der Fassade über ein differenziertes System verschiedener Vorsprünge und Tiefen akzentuiert oder andernorts zeigen sich Verweise auf die gotische Kirchenbautradition.

Aufgegriffen wird die Vorstellung des 19. Jahrhunderts, dass die Gotik das Ideal für die Sakralarchitektur sei. Im Expressionismus wird diese Idee aber mit veränderten Vorzeichen fortgeführt: Die gestalterischen Anknüpfungen sind nur noch zitathaft – deutlichstes Beispiel ist die Verwendung der Spitzbogenform –, die Grundrissdisposition ist bereits Teil eines moderneren Diskurses. Wichtigste Anknüpfungspunkte waren für die Vordenker des Expressionismus vielmehr (vermeintlich) gotisch konnotierte Sinnbilder wie die Errichtung eines zentralen Baus der Gemeinschaft – die Stadtkrone – oder die Vereinigung aller Künste unter dem Dach der Architektur.

So kam es vor allem bei den Sakralbau-
ten des Expressionismus vor, dass auch für die
Ausarbeitung explizit architektonischer Elemente
Bildhauer hinzugezogen wurden. Herausragendes
Beispiel hierfür ist der durch den Bildhauer Felix
Kupsch (1883/85?–1969) mit Majolika-Keramik
gestaltete Portalvorbau der Kreuzkirche (111).
Zugleich bedeutete der umfassende Anspruch
der (architektonischen) expressionistischen Idee,
dass sich Architekten auch selbst den Gestaltungs-
aufgaben an der Schnittstelle zur Bildhauerei
zuwandten. Die von Max Taut (1884–1967), dem
jüngeren Bruder von Bruno Taut, gestalteten expressionistischen Grabmäler wie das Erbbegräb-
nis Wissinger (8) oder der Grabstein für Erwin
Reibedanz (1), für dessen Dampfwaschwerk Bruno
Taut auch ein Gebäude errichtet hatte (12), offenbaren, wie umfassend der Gestaltungsanspruch
war – er reichte vom Kleinstobjekt bis hin zur
ganzen Stadt.

Wie sehr die Neuinterpretation der Stadt
und der Architektur zugleich auch ein Anknüpfen
und Fortführen war, zeigte sich im expressionis-
tisch beeinflussten Wohnungsbau: Ausgangspunkt
war, dass in der ersten Hälfte des 20. Jahrhunderts
in Berlin, wie in den vielen anderen europäischen Städten, eigentlich eine stete Wohnungsnot
herrschte. Zur Jahrhundertwende hatten vor allem
die Spekulationsgesellschaften profitiert, unter ihrer Ägide entstanden Berlins berühmt-berüchtigte
Mietskasernen. Deren extreme räumliche Dichte
und die hiermit zusammenhängenden hygieni-
schen Bedingungen wurden zeitgenössisch vielfach kritisiert, begleitet von der Forderung nach
einer gesünderen, aufgelockerten Wohnbebauung.
Vor allem in der Zwischenkriegszeit konnten
solche Forderungen als gemeinnützige Wohnbau-
vorhaben umgesetzt werden. Die damals unter
dem Label des ›Neuen Bauens‹ gebauten ›Sied-
lungen der Moderne‹ wie etwa die Großsiedlung
Britz (1925–30) oder die Wohnstadt Carl Legien
(1928–30) sind heute Weltkulturerbe – auch auf-
grund ihrer städtebaulichen Großformen. (Dass
Bruno Taut hier teilweise mitwirkte, verdeutlicht
die eigentliche zeitgenössische Offenheit im Diskurs.) Die gebauten Beispiele expressionistischer
Wohnbebauungen versuchen auch eine weniger
dichte Bebauungsstruktur zu verwirklichen, aber
ohne eine entsprechende städtebauliche Radika-
lität: Gemeinnützig realisierte Bauprojekte wie

die Siedlung Ceciliengärten (62) kennzeichnen zwar eine aufgelockerte Stadtstruktur; dieses und weitere Projekte folgten aber ebenso der typischen Blockrandbebauung, sie bauten Berlin in der traditionellen Struktur weiter.

1920 bezeichnete der Architekt Hans Hansen (1889–1966) die Idee der expressionistischen Architektur als die »aktive Bauform der Zukunft«. Die in der Zwischenkriegszeit in Berlin gebauten Gebäude offenbaren, wie die Architekten die Zukunft Berlins ›aktiv‹ gestalten wollten: Nicht der Bruch mit ihr war Ausgangspunkt, sondern die Neuinterpretation. Hierbei war die expressionistische Architektur Berlins, trotz zentraler lokaler Protagonisten wie Müller und Brademann oder überregional bekannter Heroen wie Hans Poelzig und Fritz Höger, nicht das Werk einer kleinen, engagierten Gruppe; vielmehr erfasste die expressionistische Begeisterung – in unterschiedlicher Ausprägung – beinahe die ganze Architektenschaft. Sie war Teil des Zeitgeistes. So ist dann das hierdurch entstandene Berliner Œuvre gekennzeichnet durch eine große Bandbreite an Architekten, Typologien und Kontexten. Und jedes dieser Gebäude war das Zeichen einer Metropolis im Werden.

Literatur

Architekten- und Ingenieurverein zu Berlin (Hg.): Berlin und seine Bauten. Teil I: Städtebau. Berlin 2009.

Brunn, Gerhard; Reulecke, Jürgen (Hg.): Metropolis Berlin. Berlin als deutsche Hauptstadt im Vergleich europäischer Hauptstädte 1871–1939. Bonn/Berlin 1992.

Dame, Thorsten: Elektropolis Berlin. Die Energie der Großstadt. Berlin 2011.

Dogramaci, Burcu (Hg.): Großstadt. Motor der Künste in der Moderne. Berlin 2010.

Dost, Susanne: Richard Brademann (1884–1965). Architekt der Berliner S-Bahn. Berlin 2002.

Kahlfeldt, Paul: Die Logik der Form. Berliner Backsteinbauten von Hans Heinrich Müller. Berlin 2004.

Pehnt, Wolfgang: Die Architektur des Expressionismus. Stuttgart 1973.

Sutcliffe, Anthony (Hg.): Metropolis 1890–1940. London 1984.

Taut, Bruno: Die Stadtkrone. Jena 1919.

Wellmann, Marc (Hg.): William Wauer und der Berliner Kubismus. Die plastischen Künste um 1920. Köln 2011.

Christoph Rauhut

METROPOLIS ARISING

Before the First World War Berlin was not yet a metropolis. Despite being Germany's largest and Europe's fourth largest city, its political, economic and cultural significance was not comparable to the true European metropolises of London, Paris or even, in some respects, Vienna. Berlin belonged rather, *primus inter pares*, to the main cities of the German Reich. But after the horrors ended, furthered by a collective revulsion at the furore of the war, the shared experiment began – to make Berlin a metropolis. One contributing factor was the Greater Berlin Act of 1920, with which the city incorporated the surrounding region into itself, giving it almost four million inhabitants in total. The city was also able to increase its prominence: given that the political hegemonies still resided principally in Paris and London, it gained importance from a nascent economic strength – after some initial troubles – and above all from a cultural scene with a global reach: in the Golden Twenties, Berlin was the city of newspapers and media; of film and cinema; of literature and theatre; of music and cabaret; of science and technology – advancing to become an epicentre of the contemporary architectural discourse.

This discourse was carried by the hope that a new architecture and urbanism could contribute to a better society. People wanted to get away from the political and social formalisms of the nineteenth century, away from the stench of its tenement housing. To put it simply, two different positions shaped the discussion: on one side stood the New Building that later became known as the New Objectivity movement, which was principally (but not exclusively) discussed within the environment of the Bauhaus. At the forefront of its concerns was the desire to build in a way appropriate to function. In its translations into architecture, geometrically simple forms came to dominate alongside repeated attempts at using modern industrial materials. On the other side lay the desire for a more telling, expressive architecture, which had been articulated during the period of the First World War in particular by groups such as the Crystal Chain and the Workers Council for Art. Here the transformation of the city was at the fore; new buildings were the first beacons on the ways to a completely different city – the metropolis. The buildings realised from this position, which today are commonly described as Expressionist architecture, emphasise the possibility of a new beginning through continuity: in many aspects, traditional, genuinely architectural qualities were drawn upon – particularly materiality and craftsmanship. Nonetheless, an ambivalence between continuity and the new can be discerned in the design of façades: they are characterised by 'classical' architectural elements, through layered surfaces that emphasise the verticality of the buildings, and through considered compositions of light and shade that reveal the depth of the façades; but also influenced by an "non-simultaneity of form and movement" (Jan Maruhn) – that results in the expressive.

Shortly after the First World War both tendencies were discussed as equivalent possibilities. There were many architects, including prominent ones, that contributed to both positions. An example of this is the no longer surviving Sommerfeld House, one of the early collaborative and teaching projects realised under the direction of Walter Gropius (1883–1969) at the Bauhaus, completed in 1921, and using a clearly Expressionist form language. Successful and influential architects of the period had no desire to be led wholly by any particular current, but rather attempted to make their own version of it – such as Hans Poelzig (1869–1936), who served from 1920 onwards as an inspirational atelier master at the Berlin Academy of Arts.

Yet, over the course of the 1920s the elite architectural discourse focused increasingly on the New Building, which is why this direction is usually seen as the central architectural current of the period. However, this obscures the great appeal and currency that the Expressionist ideas held during almost the entire interwar period, providing architects with inspiration for countless Expressionist buildings, with an epicentre of the production in Berlin. For there, where the exchange between painting, literature, music, sculpture and architecture was particularly intensive, Expressionism was, more than any other movement, the avant-garde of the era.

In terms of construction, the transformation of the city into a metropolis that took place in the 1920s was a new interpretation of what was already a capital city. At this point, the centre had been constructed over 150 years as the seat of monarchy and an administrative capital by the great Prussian master builders David Gilly, Karl Friedrich Schinkel, Peter Joseph Lenné or August Stüler. As it had already been mostly designed, it was only available to a limited extent for new works: Hans Poelzig's renovation of the *Großes Schauspielhaus* in 1918/19 was a significant early symbol in the city centre of the beginning of Expressionism, but almost the only one. (The building survived the Second World War relatively intact, but was torn down in 1988.) The new constructional interpretation of Berlin took place mostly in the districts surrounding the centre and in the districts beyond those. The buildings erected here are symbols of the technical, political and cultural changes that were taking place at the time: for the publishing houses, party headquarters, association buildings, temples of consumption and cinemas, car garages and train stations, infrastructure buildings and broadcasting studios were not just new kinds of building programmes but also a reflection of the processes of change and the controversies within the city and society.

Thus a significant number of the Expressionist buildings were for the technological infrastructure of the city; many were the various types of specialised electrical substation buildings. This focus is not coincidental: the electricity industry had been a key component of Berlin's economy since 1900. As Jörg Haspel described it, the city was "the cradle of electrification and the electricity industry". Many of these such structures are inextricably linked to the name of Hans Heinrich Müller (1879–1951) and what was mostly referred to as BEWAG, the *Berliner Städtische Elektrizitätswerke* (Berlin City Electricity Company). Following a redrawing of its legal basis in 1923, the Company pursued an intensive course of expansion. One of the main aims was to achieve a comprehensive surface coverage and a capable supply of electricity. Many necessary infrastructure buildings were erected on remote, empty sites – some, of course, had to be inserted into the built-up city and its existing urban structure. Hans Heinrich Müller was responsible for the architecture of all the buildings built between 1924 and 1930 (10, 11, 81, 95, 100, 101, 106, 112, 117). He succeeded in finding a consistent yet individual architectural language for this new kind of building: mostly built in brick, some of them draw analogies to the archaic beginnings of brick construction, and all emphasise the vertical and the sculptural, without ever allowing them to be merely individual objects in the urban setting, standing by themselves. Today, most are no longer used for their original purpose, but almost all remain, used as spaces for living, for working or for cultural activities.

The BEWAG and Müller, its architect, are an exemplary case of an Expressionist corporate architecture, but are no exception: for instance, in the period 1927–29, when what was know as the Great Electrification of the railway took place and the local rail network was transformed into the *Stadtschnellbahn* (what we call the S-Bahn), there was a similar synthesis of the Berliner Reichsbahn-direktion (Berlin Railway Authority) and its architect Richard Brademann (1884–1965), for whom the local branch of the Reichsbahn formed a separate division in 1920. With this division, he designed and realised new station buildings and almost all of the newly required electricity supply buildings in the second half of the decade – from small substations to large switching stations (25, 36, 37, 38, 39, 49, 86, 105). Like Müller, Brademann's buildings drew upon Berlin's brick tradition; similarly he created a corporate architecture that had an equal significance for him as an architect. Once again, the architecture of Expressionism was seen as being ideal for modern buildings – historical awareness was bound with the hope of upheaval, the new was made visible.

The idea that architecture can constitute the identity of a company can also be seen in other examples: the bands adorned with the word 'Geyer' in the brick façade of the film works of the Geyer-Werke AG (96) is perhaps the most obvious; the administration buildings of the Public Health Insurance Company (52, 66, 85, 113, 120), probably the most ambitious attempt, since increasingly different architects were involved; and those of Fritz Höger (1877–1949), the Hanseatic spearhead of a brick Expressionism, including the extension to the Garbaty Cigarette Factory (103) as well as his design for a factory for the perfume-maker Scherk (78) are probably the most decided translations. In all cases, the role of the client was decisive: they were ready and willing to invest in architects and in architecture as a part of corporate culture.

Perhaps for this reason, the Expressionist motif of the City Crown (where a central building in the middle of the city towers above all the others – as Bruno Taut formulated in his seminal work of 1919, *The City Crown*) can be most often seen in industrial architecture. This motif can be found in the disposition of the printworks of the Ullstein Verlag (134) by Eugen Schmol (1880–1926), with its central tower, in which some of the spaces of the case room were housed; or in the site for the Steinberg Herrmann & Co. Hat Factory (34) designed by Erich Mendelsohn (1887–1953), whose tall dye works in its centre serves precisely as such a motif. The City Crown here, however, (beside its functional purpose) is actually only a symbolic element; Taut's criteria for a central, public and transcendental function were not realised in the context of industrial architecture.

Symbolic and spiritual functions were fulfilled by the Expressionist formal vocabulary above all in the context of sacred architecture. A dozen Expressionist church buildings were built in the period by as many architects – including such famous protagonists as Fritz Höger, Martin Kremmer (1894–1945) and Fritz Schupp (1896–1974). The buildings manifest a splendid diversity: covering the most diverse urban situations – from churches, single buildings set on a square, through those that insert themselves into critical spots in the fabric of the city, to those that form part of the perimeter block structure and which are only recognisable as sacred buildings by their façades – the architectural vocabulary employed is more diverse still – where sometimes verticality is emphasised in large volumetric gestures, sometimes the plasticity of the façades are accentuated by a system of projections and recesses, and elsewhere reference to Gothic church architecture can be found.

Here, the nineteenth century idea was taken up that the Gothic was ideal for sacred architecture. In Expressionism, however, this idea was taken forward with an altered signature: the visual links are mere quotations – most clearly shown in the use of pointed arch forms – where the arrangement of the plan was already part of a modern discourse. The most significant connections for the prophets of Expressionism were more the metaphorical images of the Gothic, such as the erection of a central building for the community – the City Crown – or the unification of all arts under the aegis of architecture.

Thus it was common in the case of the sacred architecture of Expressionism that sculptors were explicitly drawn upon for the execution of architectural elements. An extraordinary example of this is the case of the sculptor Felix Kupsch (1883/85?–1969) and his design in maiolica ceramics for the porch of the Church of the Holy Cross (111). At the same time, the sweeping demand of the (architectural) Expressionist idea also meant that the architect began to venture into the territory of the task of designing the sculpture itself. The Expressionist tombs by Max Taut (1884–1967), the younger brother of Bruno Taut, such as the Wissinger family grave (8) or the gravestone for Erwin Reibedanz (1), for whose steam washing factory Bruno Taut had previously built (12), reveal how extensive the desire to design was, reaching from the smallest object to the entire city.

The clear manner in which the new interpretation of the city and architecture simultaneously demonstrated both continuity and progression is revealed in the residential architecture influenced by Expressionism: the starting point was that in the first half of the twentieth century in Berlin, as in many other European cities, there was a constant housing crisis. At the turn of the century, it was the speculative companies that had profited the most. It was under their aegis that Berlin's infamous tenement housing has arisen. Its extreme density and accordingly critical hygienic situation were criticised from many sides at the time, accompanied by the call for a healthier, less dense form of residential buildings. Above all in the interwar period, such calls could be translated into housing associations. The Berlin Modernism Housing Estates such as the Britz Estate (1925–30) and the *Wohnstadt* Carl Legien (1928–30), which were built at that time under the rubric of the New Building, are recognised today as World Heritage sites, because of their urban form. (The openness of contemporary discourse shows that Bruno Taut had a hand in this.) The examples of Expressionist housing that were built also attempt to realise a less dense form of housing, but without an accompanying urbanistic radicalism: the projects realised by housing associations, such at the Ceciliengärten Housing Estate (62) and others represented a more relaxed city structure, whilst still following the typical perimeter block, thus continuing Berlin's traditional urban structure.

In 1920 the architect Hans Hansen (1889–1966) described the idea of Expressionist architecture as the "active form of building of the future". The buildings built in the interwar period in Berlin reveal how architects wanted to design the city's future 'actively': their starting point was a new interpretation rather than a radical break. This new interpretation – the Expressionist architecture of Berlin – was, despite the central local protagonists such as Müller and Brademann or heroes such as Hans Poelzig and Fritz Höger, not the work of a small dedicated group. The enthusiasm for Expressionism encompassed – in different forms – almost the entire architectural community. It was part of the zeitgeist. Thus Berlin's Expressionist oeuvre is distinguished by a wide range of architects, typologies and contexts. And each of these buildings was a sign of a metropolis arising.

Literature

Architekten- und Ingenieurverein zu Berlin e.V. (ed.): Berlin und seine Bauten. Teil I – Städtebau. Berlin 2009.

Brunn, Gerhard; Reulecke, Jürgen (eds.): Metropolis Berlin. Berlin als deutsche Hauptstadt im Vergleich europäischer Hauptstädte 1871–1939. Bonn/Berlin 1992.

Dame, Thorsten: Elektropolis Berlin. Die Energie der Großstadt. Berlin 2011.

Dogramaci, Burcu (ed.): Großstadt. Motor der Künste in der Moderne. Berlin 2010.

Dost, Susanne: Richard Brademann (1884–1965). Architekt der Berliner S-Bahn. Berlin 2002.

Kahlfeldt, Paul: Die Logik der Form. Berliner Backsteinbauten von Hans Heinrich Müller. Berlin 2004.

Pehnt, Wolfgang: Die Architektur des Expressionismus. Stuttgart 1973.

Sutcliffe, Anthony (ed.): Metropolis 1890–1940. London 1984.

Taut, Bruno: Die Stadtkrone. Jena 1919.

Wellmann, Marc (ed.): William Wauer und der Berliner Kubismus. Die plastischen Künste um 1920. Cologne 2011.

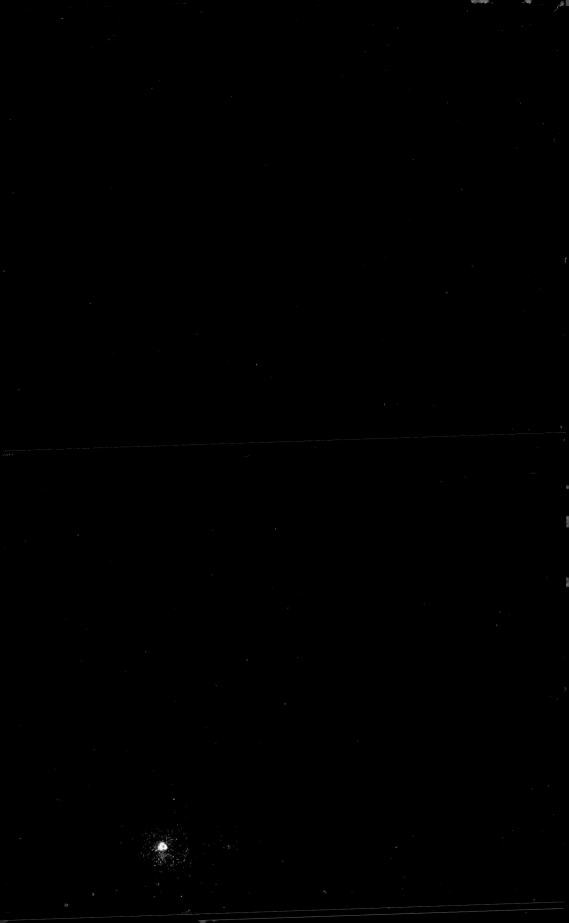

DIE FRAGMENTE
THE FRAGMENTS

Aber wen nicht Vorurteile blenden, wer sich
hinzugeben versteht, wer sich aufmerksam
und eindringlich mit der Stadt beschäftigt,
der wird bald gewahr, daß sie wirklich
tausend Schönheiten, ungezählte Wunder,
unendlichen Reichtum, offen vor aller
Augen und doch von so wenigen gesehen,
in ihren Straßen umfängt.

August Endell, Die Schönheit
der großen Stadt, 1908

This may sound paradoxical and
exaggerated, but whoever is not blinded
by prejudice, whoever understands how
to study, whoever agrees to engage
intensively with the city will soon learn
about the incredible beauty that is
embraced by its streets, its countless
wonders, its infinite richness – open to
everyone's eyes but so rarely seen.

August Endell, The Beauty
of the Metropolis, 1908

1

Grabstein Reibedanz, Luisenstädtischer Friedhof (Friedhöfe
Bergmannstraße) | Reibedanz Gravestone, Luisenstadt Cemetery
(Bergmannstraße Cemetery), Bergmannstraße 39–47, Berlin (D),
Max Taut, 1919

2
Villa Parolo (Eier-Haus | Egg House), Uferstraße 12, Bad Saarow (A),
Fritz Glantz, frühe 1920er | early 1920s

3
Turnhalle Villa Gutmann | Villa Gutmann Sports Hall, Bertini-
straße 16a, Potsdam (A), Reinhold Mohr, 1926–27

4

Atelier- und Wohnhaus Josef Thorak | Josef Thorak's Studio and Residence, Moorstraße, Bad Saarow (A), Harry Rosenthal, 1926–29

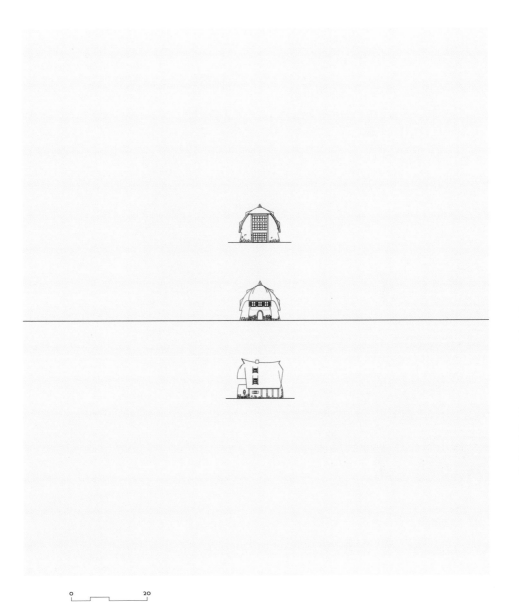

0   20

5
Feuerwehrdepot und Altersheim Welzow | Welzow Fire Service
Depot and Elderly People's Home, Brandenburger Straße, Poststraße,
Welzow (A), Otto Grahe, 1930

6
Wasserturm Brandenburg an der Havel | Brandenburg City Water
Tower, Am Güterbahnhof, Brandenburg an der Havel (A), 1935?–40?

Wasserturm Ketzin | Ketzin Water Tower, Feldstraße, Ketzin (A)

0   20   ⏱

8
Erbbegräbnis Wissinger, Südwestkirchhof Stahnsdorf | Wissinger
Family Grave, Stahnsdorf South West Churchyard, Bahnhofstraße 2,
Stahnsdorf (A), Max Taut, 1920–23

9
Regattahaus Templiner See | Lake Templin Regatta House,
Am Luftschiffhafen 2, Potsdam (A), Reinhold Mohr, 1925

10
Gleichrichterwerk Zehlendorf | Zehlendorf Rectifier Station, Mach-
nower Straße 83, Berlin (A), Hans Heinrich Müller, 1928–29

Netzstation Arnimplatz | Arminplatz Grid Station, Arnimplatz, Berlin (A),
Hans Heinrich Müller, 1926–27

12
Dampfwaschwerk Reibedanz | Reibedanz Steam Washing Factory,
Teilestraße 23, Berlin (F), Franz Hoffmann, Bruno Taut, 1911–14

13
Wartehalle und Bedürfnisanstalt Grunewaldbaude (Roseneck) |
Waiting Shelter and Public Lavatory Grunewaldbaude (Roseneck),
Clayallee 1, Berlin (E), Erich Schwiertz, 1929–30

14
Wasserkraftwerk Grießen | Grießen Water Power Station, Bahnhof-
straße 56, Grießen (Jänschwalde) (A), 1927–29

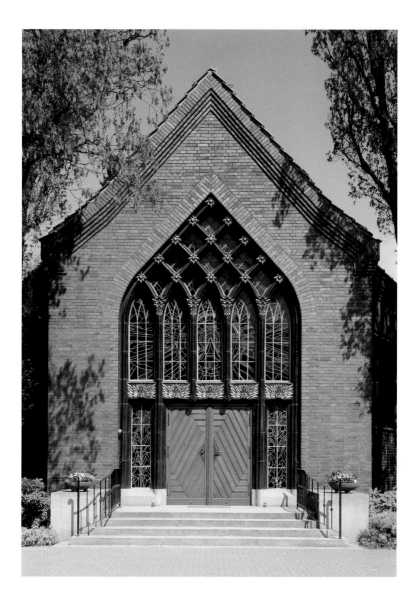

15

Kapelle, Friedhof Marienfelde | Chapel, Marienfelde Cemetery,
Marienfelder Allee 127, Berlin (A), Bruno Möhring, 1927–28

16
Krematorium Forst | Forst Crematorium, Frankfurter Straße, Forst
(Lausitz) (A), Rudolf Kühn, 1928–30

17
Villa Bab, Ruhrstraße 12a, Berlin (C), Harry Rosenthal, 1923–24

18
Bedürfnisanstalt Müggelpark | Müggelpark Public Lavatory, Josef-
Nawrocki-Straße 21, Berlin (A), ca. 1925

19
Cöpenicker Bank | Cöpenicker Bank, Planitzstraße 1, Berlin (A), Fritz
Raches, 1928

Rundkirche Tempelhofer Feld | Tempelhof Field Round Church,
Wolffring 72, Berlin (E), Fritz Bräuning, 1927–28

21
Wasserturm Gaswerk Lichtenberg | Lichtenberg Gas Plant Water
Tower, Blockdammweg 3–27, Berlin (D), Gottlieb Tesch, 1929

22

Umbau Plauer Torturm | Plauen Gate Tower Conversion, Plauer
Straße, Brandenburg an der Havel (A), Moritz Wolf, 1927–28

Bismarckturm Burg | Burg Bismarck Tower, Byhleguhrer Straße,
Burg (Spreewald) (A), Bruno Möhring, 1917

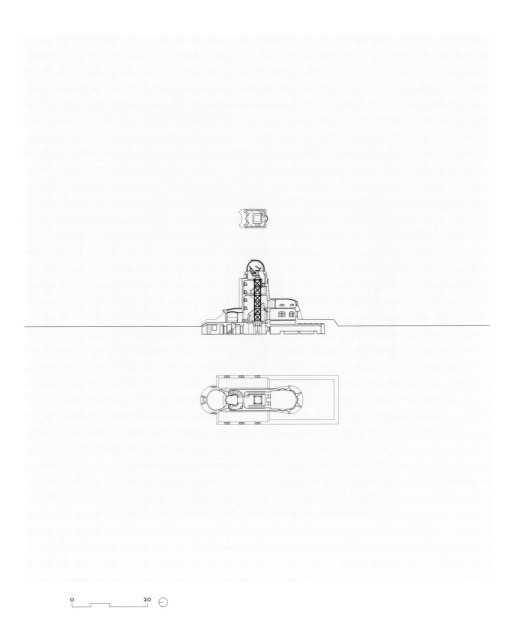

24
Einsteinturm | Einstein Tower, Telegrafenberg, Potsdam (A), Erich
Mendelsohn, 1920–21

Empfangsgebäude Bahnhof Eichkamp (Messe Süd) | Eichkamp
(Messe Süd) Station Entrance Building, Am Fliederbusch, Berlin (C),
Richard Brademann, 1927–28

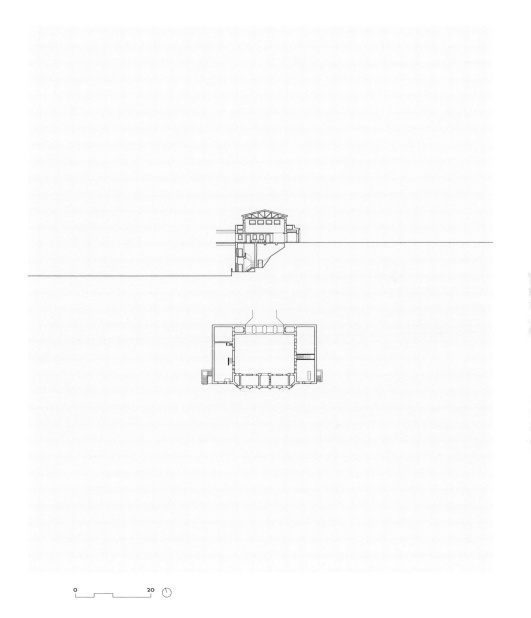

0   20 ⊕

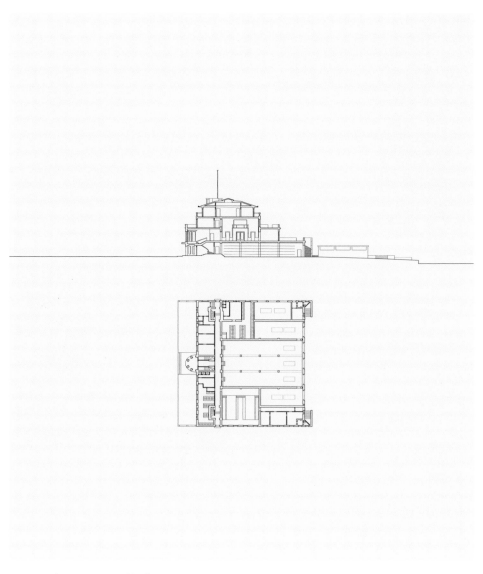

26

Bootshaus Danathbank | Danath Bank Boat House, Regattastraße 277,
Berlin (A), Otto Zbrzezny, 1929–30

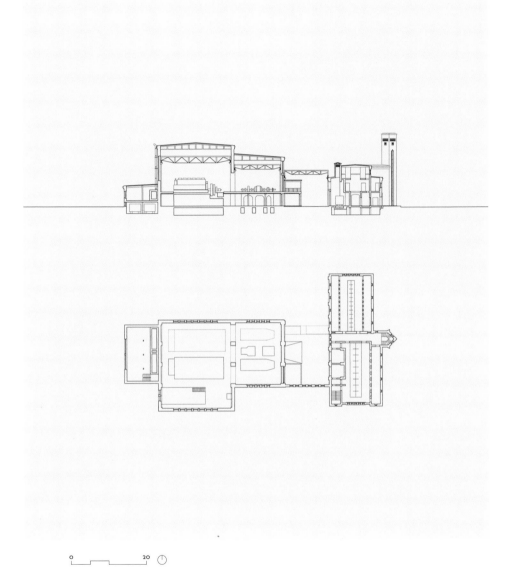

0   20 ⊕

27
Dieselkraftwerk Cottbus (Kunstmuseum Dieselkraftwerk Cottbus) |
Cottbus Diesel Power Station (Cottbus Art Museum), Am Amts-
teich 15, Cottbus (A), Werner Issel, 1927–28

28
Villa Ilse Schuhmann, Miquelstraße 23, Berlin (E), Fritz August
Breuhaus de Groot, 1936–37

29

Krematorium Brandenburg an der Havel | Brandenburg City Crema-
torium, Willi-Sänger-Straße 17, Brandenburg an der Havel (A), Fritz
Kerll, Moritz Wolf, 1925–26

30
St. Michael | St Michael's Church, Königstraße 43, Berlin-Wannsee (A),
Wilhelm Fahlbusch, 1927

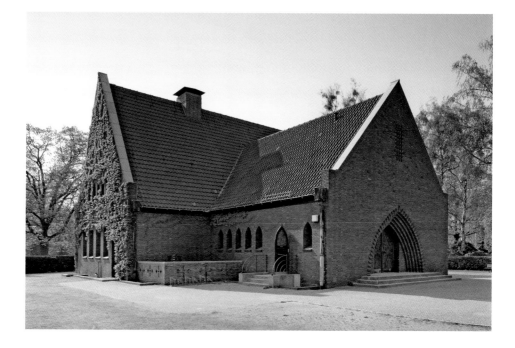

31
Kapelle, Friedhof Onkel-Tom-Straße | Chapel, Onkel-Tom-Straße
Cemetery, Onkel-Tom-Straße 30, Berlin (A), Erich Schwiertz,
1930–32

32

Kapelle (Trauerhalle), Friedhof Heerstraße | Chapel (Funeral Chapel),
Heerstraße Cemetery, Trakehner Allee 1, Berlin (A), Erich Blunck,
Karl Schellenberg, 1935 (Ursprungsbau | Original building 1921–23)

33

Chirurgische Pferdeklinik Tierärztliche Hochschule (Institut für Sport-
wissenschaften Humboldt-Universität) | Equestrian Surgical Clinic,
Veterinary University (Insitute for Sport Science, Humboldt University), Hannoversche Straße 23–26, Berlin (C), Walther Wolff, 1924–26

34
Färberei- und Spinnereigebäude Hutfabrik Friedrich Steinberg,
Herrmann & Co | Friedrich Steinberg, Herrmann & Co. Hat Factory
Dye and Spinning Works, Industriestraße 1, Luckenwalde (A), Erich
Mendelsohn, 1922–23

34
Färberei- und Spinnereigebäude Hutfabrik Friedrich Steinberg,
Herrmann & Co | Friedrich Steinberg, Herrmann & Co. Hat Factory
Dye and Spinning Works, Industriestraße 1, Luckenwalde (A), Erich
Mendelsohn, 1922–23

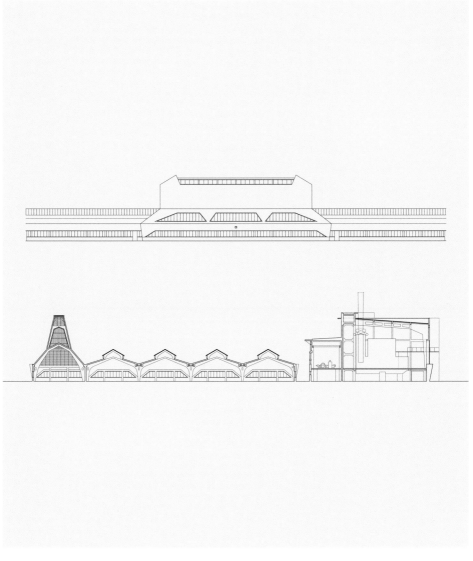

0   20

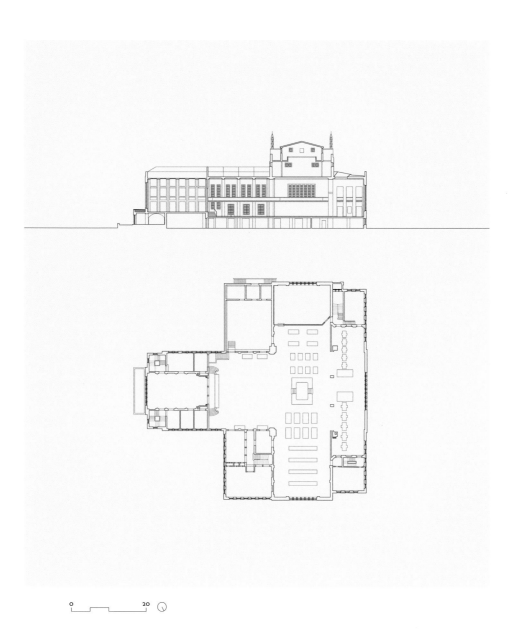

35
Großfunkstation Nauen | Nauen Transmitter Station, Graf-Arco-
Straße, Nauen (A), Hermann Muthesius, 1916–20

36
Gleichrichterwerk Kaulsdorf | Kaulsdorf Rectifier Station, Wilhelms-
mühlenweg 25, Berlin (A), Richard Brademann, 1927–28

37
Schalt- und Gleichrichterwerk Halensee | Halensee Switchgear and
Rectifier Station, Halenseestraße 26–30, Berlin (C), Richard Brademann, 1927–28

38
Schalt- und Gleichrichterwerk Ebersstraße | Ebersstraße Switchgear
and Rectifier Station, Werdauer Weg 8, Berlin (E), Richard Brademann, 1927–28

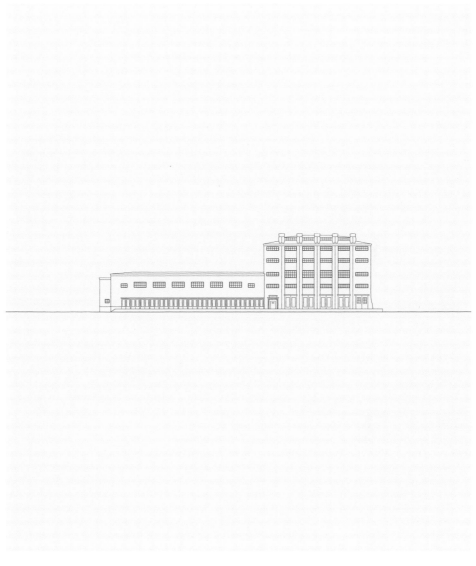

0   20

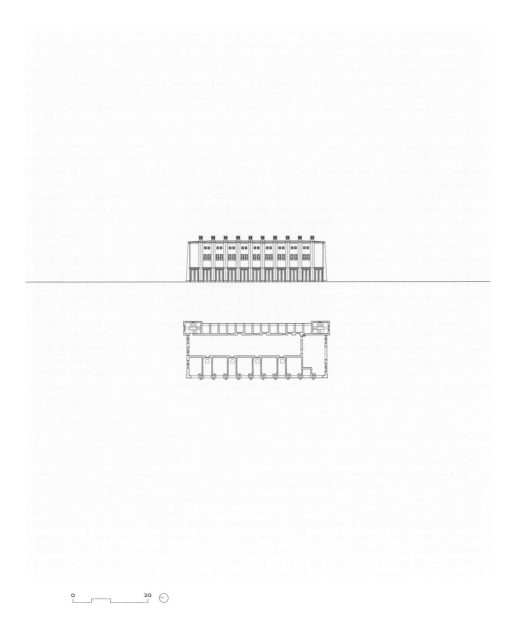

39
Gleichrichterwerk Tegel | Tegel Rectifier Station, Buddestraße 24–26,
Berlin (B), Richard Brademann, 1925–26

Abspannwerk Zauritzweg | Zauritzweg Step-down Transformer Station, Zauritzweg 13–17, Berlin (C), Werner Issel, Walter Klingenberg, 1922–24

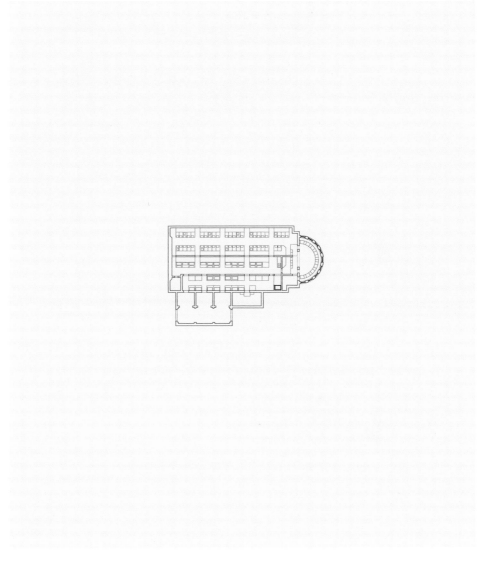

0   20

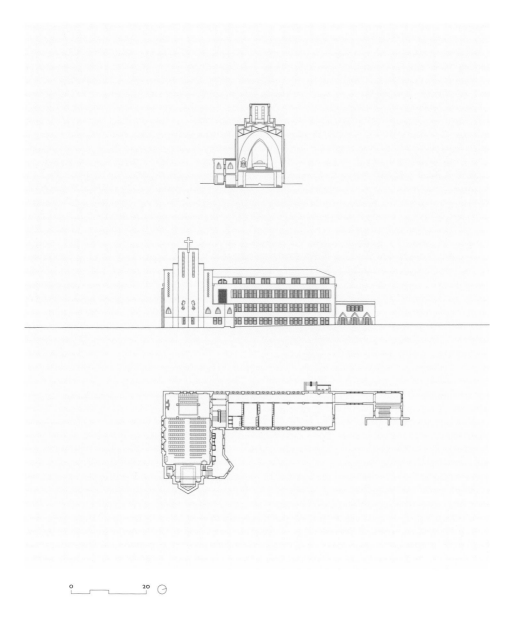

41

Kapelle Haus Konradshöhe | Konradshöhe House Chapel, Eichel-
häherstraße 19, Berlin (A), Felix Halbach, F. Lentz, 1929–30

42

Feuerwache Spandau-Nord | Spandau-Nord Fire Station, Krienicke-
steig 2–4, Triftstraße 8–9, Berlin-Spandau (A), Johannes Glüer,
1925–26

43
Direktorenwohnhaus, 10. Volksschule Weißensee | Headmaster's
House, Weißensee 10th Elementary School, Amalienstraße 8,
Berlin (A), Reinhold Mittmann, 1929–31

Wohn- und Verwaltungsgebäude Hauptpostwerkstatt für Postkraft-
wagen | Residential and Administrative Building, Central Factory for
Post Vehicles, Breitenbachstraße 24–29, Berlin (B), Willy Hoffmann,
1925

45
Vorhalle Gynäkologiegebäude Krankenhaus am Friedrichshain
(Haus 8 Klinikum Friedrichshain) | Gynaecology Entrance Hall,
Friedrichshain Hospital (House 8, Friedrichshain Clinical Centre),
Landsberger Allee 49, Berlin (D), Franz Meurer, 1926–27

46
Turnhalle Thalia-Grundschule | Thalia Primary School Sports Hall,
Alt-Stralau 34, Berlin (D), Franz Meurer, Adolph Witte, 1928

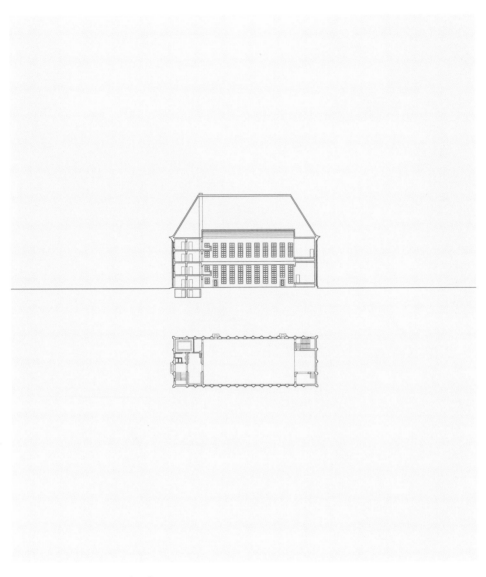

47
Doppelturn- und Festhalle Finsterwalde | Finsterwalde Sports
and Festival Hall, August-Bebel-Straße 18, Finsterwalde (A), Kurt
Voegeler, 1928?

Erweiterung Hauptwerkstatt ABOAG-Betriebshof (Betriebshof
Treptow) | Factory Extension, ABOAG Depot (Treptow Depot),
Am Flutgraben 3, Berlin (D), Alfred Warthmüller, 1927–28

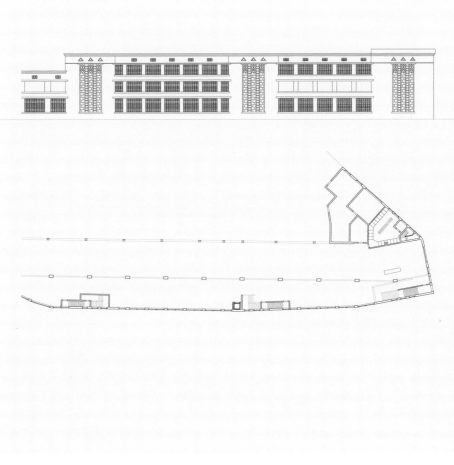

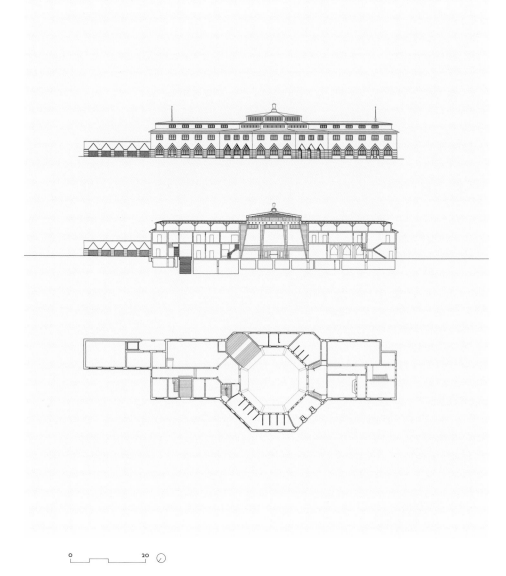

49
Empfangsgebäude Bahnhof Wannsee | Entrance Building, Wannsee
Station, Gustav-Hartmann-Platz, Berlin (A), Richard Brademann,
1927–28

50
Haus der Knappschafts-Berufsgenossenschaft | Miners' Association
House, Kuno-Fischer-Platz, Berlin (C), Rudolf A. Hartmann, 1928–30

51
Gemeindehaus Christuskirche | Christ Church Parish House, Firl-
straße 16, Berlin (F), Albert Eveking, 1926–28

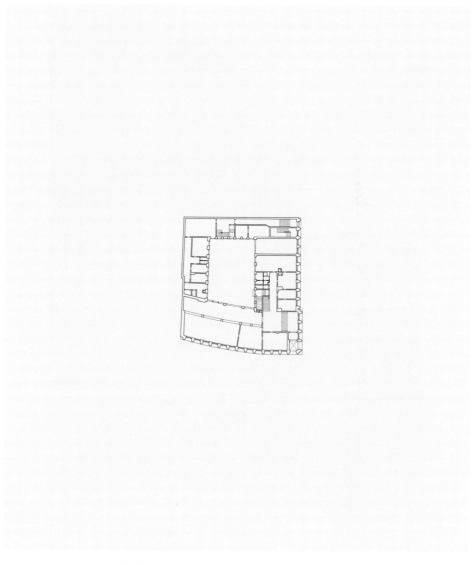

o   20   ⊙

Allgemeine Ortskrankenkasse Forst | Forst Public Health Insurance
Company, Promenade 9, Forst (Lausitz) (A), Rudolf Kühn, 1925–27

53
Realgymnasium Forst | Forst Secondary School, Jahnstraße 1–9, Forst
(Lausitz) (A), Rudolf Kühn, 1927–29

54

Wohn- und Geschäftshaus Gustav Weyland | Gustav Weyland House,
Residential and Commercial Building, Parduin 1–2, Rathenower
Straße 7, Brandenburg an der Havel (A)

55
Beamtenwohnhaus Zoologischer Garten | Flats for Zoological Garden
Employees, Katharina-Heinroth-Ufer 2, Berlin (C), Fritz Höger, 1929

56
Wohn- und Bürohaus | Flats and Offices, Chrysanthemenstraße 1–3,
Oleanderstraße 18, Schneeglöckchenstraße 26, Berlin (D), Fritz
Hambrock, 1929–30

57
Wohn- und Geschäftshaus | Flats and Shops, Bad Wilsnacker Straße
33–34, Wittenberge (A)

58
Wohnhäuser | Flats, Hortensienstraße 19–21c, Berlin (E), Eberhardt
Postlack, 1927–29

59
Mietshaus Salzbrunn | Salzbrunn Flats, Salzbrunner Straße 25–29,
Berlin (E), Harry Rosenthal, 1928–29

60

Volksschule Kaulsdorf Süd (Ulmen-Grundschule) | Kaulsdorf South
Elementary School (Ulmen Primary School), Ulmenstraße 79/85,
Berlin (A), Paul Hüart, 1926–28

61

Siedlung Heidehof | Heidehof Housing Estate, Am Heidehof, Berlin (A),
Paul Emmerich, Paul Mebes, 1924

Siedlung Ceciliengärten | Ceciliengärten Housing Estate, Cecilien-
gärten 9–53, Rubensstraße 16–50, Traegerstraße 2–3, Baumeister-
straße 4–8, Semperstraße 2, Berlin (E), Heinz Lassen, 1924–28

63
Wagenhalle mit Wohngebäude ABOAG-Betriebshof (Betriebshof
Treptow) | ABOAG Depot (Treptow Depot) Parking Garage with
Flats, Eichenstraße 4, Berlin-Treptow (D), Franz Ahrens, 1927–28

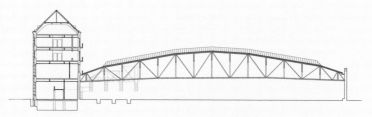

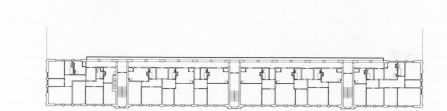

0   20 🕐

64

Feuerwache Steglitz | Steglitz Fire Station, Südendstraße 16–18, Plan-
tagenstraße 12–14, Berlin (E), Fritz Freymueller, 1924–25

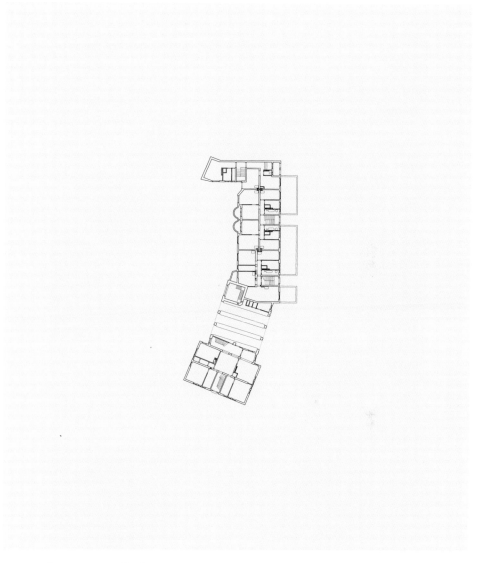

0   20

65
Hindenburgschule (Erich Kästner Grundschule) | Hindenburg School
(Erich Kästner Primary School), August-Bebel-Straße 18–24, Frankfurt (Oder) (A), Hugo Althoff, Josef Gesing, 1925–27

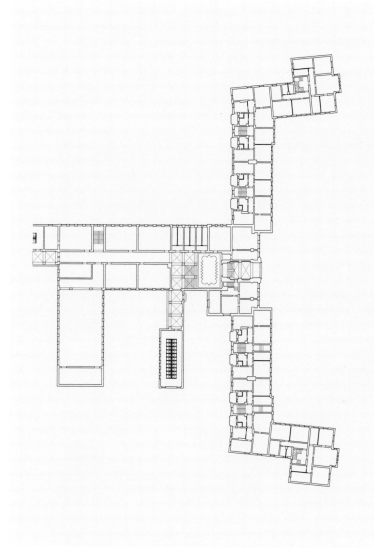

0   20

66

Allgemeine Ortskrankenkasse Potsdam | Potsdam Public Health
Insurance Company, Kopernikusstraße 32, Potsdam (A), Ernst H.
Schweizer, 1928–29

67
Wohnhäuser | Flats, Zeppelinstraße 12–27, 76–110, Berlin (A),
Richard Ermisch, Adolf Steil, 1926

68

Wohnhäuser | Flats, Innstraße 38–43, Roseggerstraße 31–35, Werra-
straße 1–8, Weserstraße 143–152, Berlin (F), Paul Emmerich, Richard
Köhler, Paul Mebes, 1924–26

Wohnhäuser am Neuen Botanischen Garten | Flats at the New Botanical Garden, Geranienstraße 11–14, Hortensienplatz 1–3, Hortensienstraße 1–4, Nelkenstraße 1–7, Tulpenstraße 17–19, Berlin (E), Otto Rudolf Salvisberg, 1924–26

70

Wohnhäuser | Flats, Paul-Junius-Straße 2–12, Scheffelstraße 15,
Berlin (D), Hans Kraffert, 1924–27

71

10. Volksschule Weißensee | Weißensee 10th Elementary School,
Amalienstraße 5–7, Blechenstraße 1–3, Parkstraße 81–82, Berlin (A),
Reinhold Mittmann, 1929–31

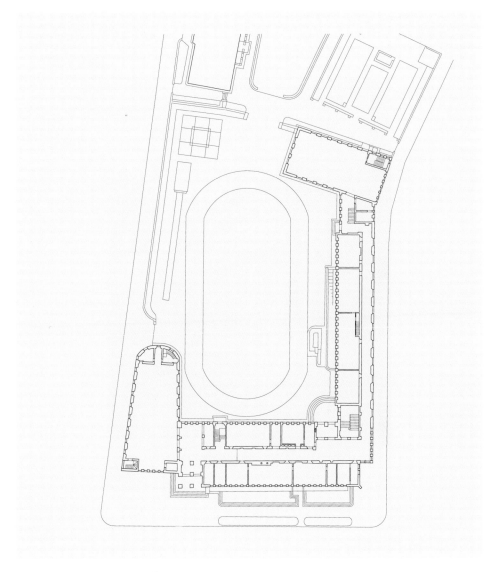

0   20

72
Depot der Städtischen Straßenreinigung und Müllabfuhr | Depot of
the Municipal Cleaning and Refuse Collection Service, Hebbelstraße 1,
Potsdam (A), Karl Fischer, Wilhelm? Hampel, Kurtze, 1929–32

73
Erweiterung Dominikus-Krankenhaus | Extension, Dominikus
Hospital, Kurhausstraße 30–34, Berlin (A), Hans Holubek?, 1927–28

74
Lutherhaus | Luther Building, Pradelstraße 11, Berlin (B), Rudolf
Klante, Ernst Pfannschmidt, 1928–30

75
Gesundheitshaus Pankow | Pankow Health Centre, Grunowstraße 8–11,
Berlin-Pankow (A), Eilert Franzen, 1926–28

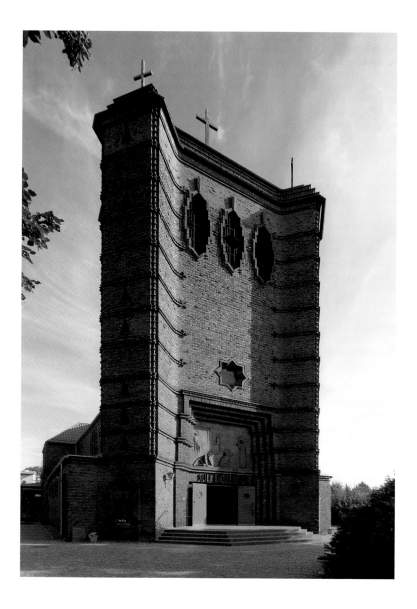

76

Maria-Magdalenen-Kirche | Church of St Mary Magdalene, Platanen-
straße 20–21, Berlin (B), Felix Sturm, 1929–30

77
Wasserturm Volkspark Jungfernheide | Jungfernheide Park Water
Tower, Heckerdamm, Berlin (C), Walter Helmcke, 1926

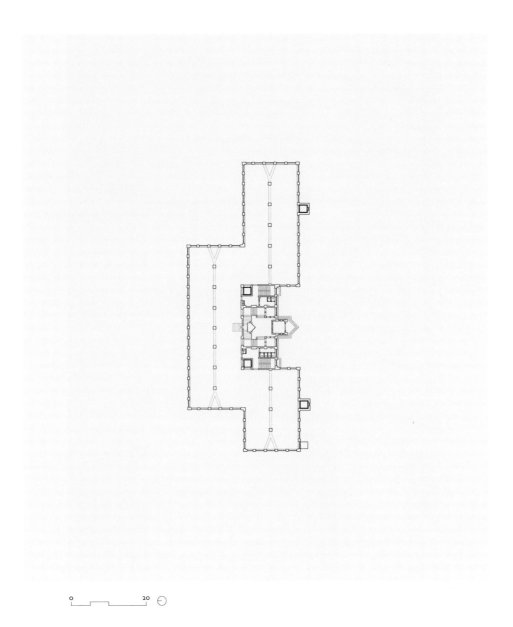

78
Parfümeriefabrik Scherk | Scherk Perfumery Factory, Kelchstraße 31,
Berlin (E), Fritz Höger, 1926–27

79
Hilfsschule Spandau | Spandau School for Children with Learning
Difficulties, Askanierring 42–43, Berlin (A), Johannes Glüer, 1926–27

Fabrik Schwarzkopf (Alboin-Kontor) | Schwarzkopf Factory (Alboin
Kontor), Alboinstraße 36–42, Berlin (E), Carl Mackensen, 1928–30

81
Abspannwerk Wilhelmsruh | Wilhelmsruh Step-down Transformer
Station, Kopenhagener Straße 83–101, Berlin-Wilhelmsruh (B), Hans
Heinrich Müller, 1925–26

82

Kindl-Brauerei | Kindl Brewery, Werbellinstraße 50, Berlin (F), Hans
Claus, Richard Schepke, 1926–30

83
Groterjanbrauerei | Groterjan Brewery, Prinzenallee 78–79, Berlin (B),
Bruno Buch, 1928–29

84
Werkstatt und Tankstelle Konsumgenossenschaft Berlin | Berlin
Consumer Cooperative Garage, Ruschestraße 64–70, Berlin (D), Otto
Wettstein, 1926–27

85
Allgemeine Ortskrankenkasse Berlin-Adlershof | Berlin-Adlershof
Public Health Insurance Company, Fennstraße 5–6, Berlin (F), Otto
Risse, Kurz Vogeler, 1929–30

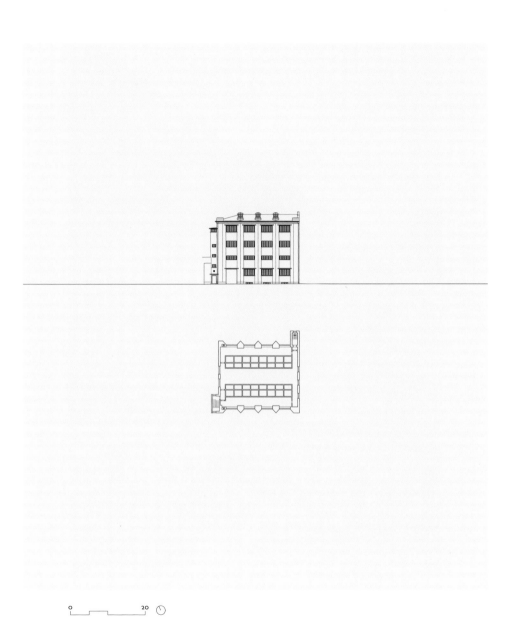

86

Schalt- und Gleichrichterwerk Friedrichstraße | Friedrichstraße
Switchgear and Rectifier Station, Planckstraße 13, Berlin (C), Richard
Brademann, 1927–28

Jüdische Mädchenschule | Jewish Girls' School, Auguststraße 11–13,
Berlin-Mitte (C), Alexander Beer, 1930

88

Umbau St. Thomas von Aquin | Alteration, Church of St Thomas
Aquinas, Schillerstrasse 101–102, Berlin-Charlottenburg (C), Paul
Linder, 1931–32

89
Gemeindehaus Zwinglikirche | Zwingli Church Parish House, Rudolf-
straße 14, Berlin (D), Fritz Buch?, 1927–28

90

St. Augustinus | Church of St Augustine, Dänenstraße 17–18, Berlin (A),
Josef Bachem, Heinrich Horvatin, 1927–28

91

Postamt 51 (Postamt Reinickendorf) | Post Office 51 (Reinickendorf
Post Office), Residenzstraße 24–25, Berlin (B), Robert Gaedicke,
1925–26

Postamt Niederschöneweide | Niederschöneweide Post Office, Fenn-
straße 9–11, Berlin (F), Willy Hoffmann, 1925–27

93
ADGB-Haus (Hermann-Schlimme-Haus) | ADGB Building (Hermann Schlimme Building), Inselstraße, Wallstraße, Berlin (D), Franz Hoffmann, Max Taut, 1922–23

93
ADGB-Haus (Hermann-Schlimme-Haus) | ADGB Building (Hermann
Schlimme Building), Inselstraße, Wallstraße, Berlin (D), Franz Hoffmann, Max Taut, 1922–23

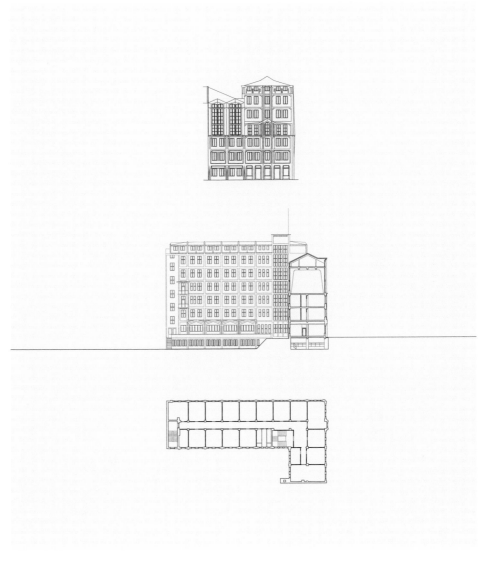

0   20

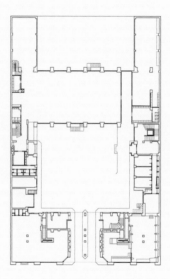

94

Verbandshaus der Deutschen Buchdrucker | The German Printers'
Union Headquarters, Dudenstraße 10, Berlin (E), Karl Bernhard,
Franz Hoffmann, Max Taut, 1924

95
Stützpunkt Christiana | Christiana Control Station, Osloer Straße 16,
Berlin (B), Hans Heinrich Müller, 1927–28

96
Filmkopieranstalt Geyer-Werke AG | Geyer Film Copying Works,
Harzer Straße 39, Berlin (D), Otto Rudolf Salvisberg, 1927–28

97
Gustav-Adolf-Kirche | Gustav Adolf Church, Herschelstraße 14–15,
Berlin (C), Otto Bartning, 1932–34

98
Christus-König-Kirche | Church of Christ The King, Nipkowstraße
17–19, Berlin (A), Karl Kühn, 1928–31

99

Druckerei Curt Hamel | Curt Hamel Printworks, Hallerstraße 1,
Berlin (C), Ernst Selge, 1925–26

Stützpunkt Neukölln | Neukölln Control Station, Richardstraße 20–21,
Berlin (F), Hans Heinrich Müller, 1926–27

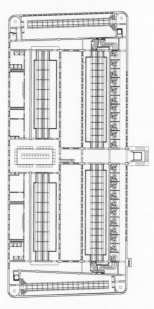

101

Abspannwerk Leibniz | Leibniz Step-down Transformer Station,
Leibnizstraße 65, Berlin (C), Hans Heinrich Müller, 1927–29

102
Eierkühlhaus | Egg Cold Store, Stralauer Allee 1, Berlin (D), Oskar
Pusch, 1928–29

103
Erweiterung Zigarettenfabrik Garbaty | Extension, Garbaty Cigarette
Factory, Hadlichstraße 44, Berlin (A), Fritz Höger, 1930–31

104
Flaschenkellergebäude Engelhardt-Brauerei | Bottle Store, Engelhardt
Brewery, Krachtstraße 9, Berlin (D), Bruno Buch, 1930

105
Schalt- und Gleichrichterwerk Markgrafendamm | Markgrafendamm
Switchgear and Rectifier Station, Markgrafendamm 24b, Berlin (D),
Richard Brademann, 1927–28

Abspannwerk Scharnhorst | Scharnhorst Step-down Transformer
Station, Sellerstraße 16–26, Berlin (C), Hans Heinrich Müller,
1928–29

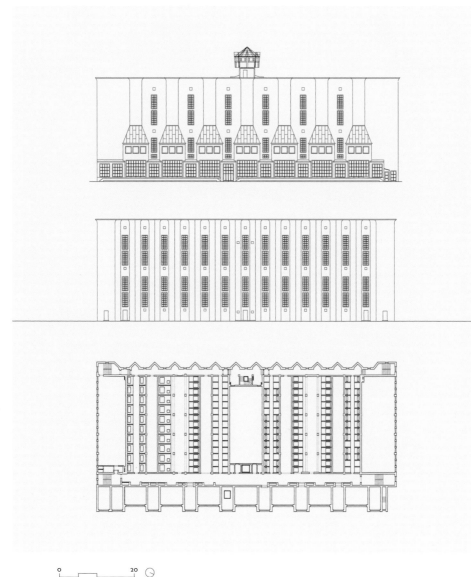

Abspannwerk Scharnhorst | Scharnhorst Step-down Transformer
Station, Sellerstraße 16–26, Berlin (C), Hans Heinrich Müller,
1928–29

107

Fernsprechamt Mitte | Berlin-Mitte Telephone Exchange, Tucholsky-
straße 6–14, Berlin (C), Felix Gentzen, 1926

108
Werkstatt- und Personalgebäude Betriebshof Wedding | Wedding
Depot Factory and Flats, Wattstraße 22–24, Berlin (C), Franz Ahrens,
1928–30

109
Schalthaus Kraftwerk Charlottenburg | Charlottenburg Power Station
Switchhouse, Am Spreebord 5, Berlin (C), Schönburg, 1925–26

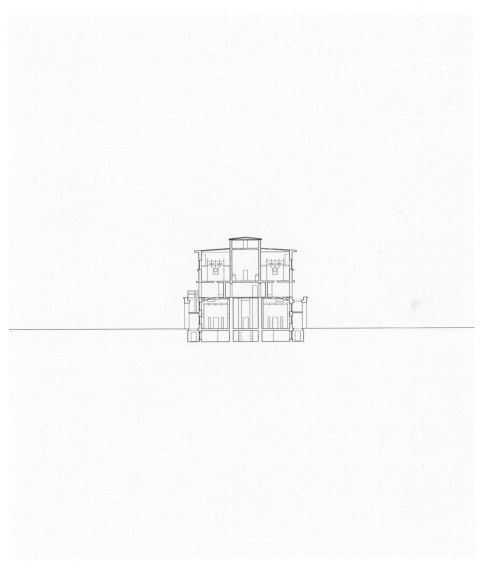

0   20

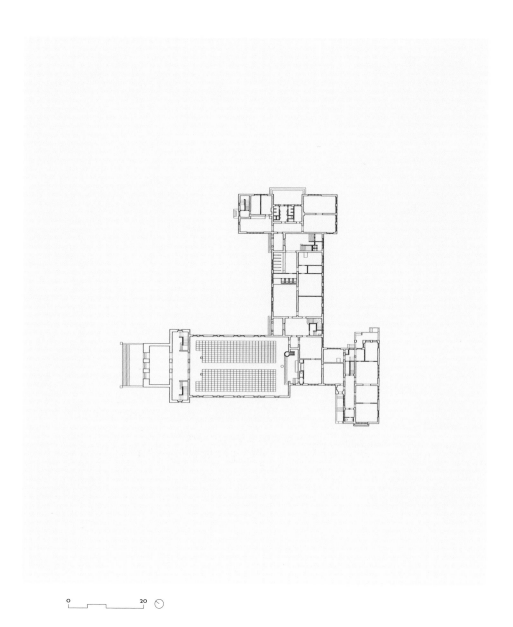

o   20   ◯

110
Evangelische Friedenskirche | Protestant Church of Peace, Britzer
Straße, Michael-Brückner-Straße, Berlin (F), Martin Kremmer, Fritz
Schupp, 1928–30

111
Kreuzkirche | Church of the Holy Cross, Hohenzollerndamm 130a,
Berlin (E), Ernst & Paulus Günther, 1927–29

Kreuzkirche | Church of the Holy Cross, Hohenzollerndamm 130a,
Berlin (E), Ernst & Paulus Günther, 1927–29

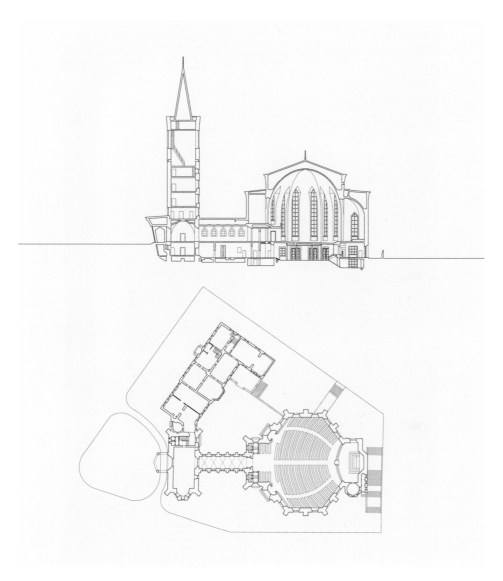

0   20

112
Abspannwerk Buchhändlerhof | Buchhändlerhof Step-down Transformer Station, Mauerstraße 78–79, Berlin (C), Hans Heinrich Müller, 1927–28

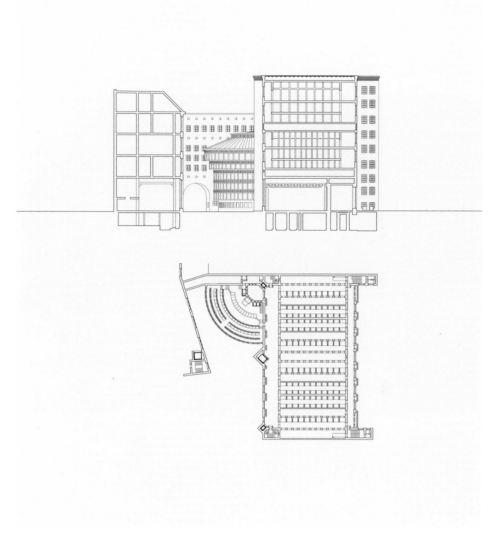

0   20

Allgemeine Ortskrankenkasse Berlin-Lichtenberg | Berlin-Lichten-
berg Public Health Insurance Company, Deutschmeisterstraße 16–24,
Parkaue 3–5, Berlin (D), Wilhelm Grimme, 1927–28

114
Bahnhof Friedrichstraße | Friedrichstraße Station, Friedrichstraße
98|142, Berlin (C), Carl Theodor Brodführer, 1919–25

115
Lenz-Haus | Lenz Building, Kurfürstenstraße 87, Berlin (C), Heinrich
Straumer, 1928–29

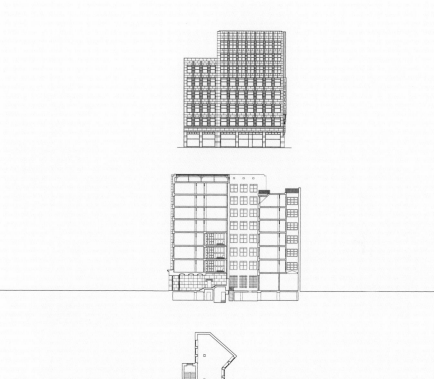

0   20

Verlagshaus Rudolf Mosse (Mosse-Haus) | Rudolf Mosse Publishing
House (Mosse Building), Jerusalemer Straße, Schützenstraße, Berlin (D),
Erich Mendelsohn, Richard Neutra, 1921–23

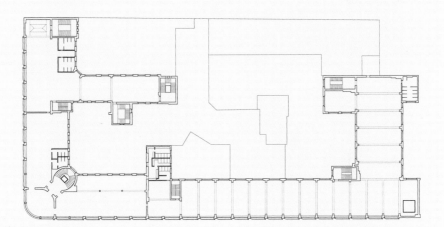

0   20

117

Abspannwerk Humboldt | Humboldt Step-down Transformer Station,
Kopenhagener Straße, Sonnenburger Straße, Berlin (A), Hans Heinrich Müller, 1924–26

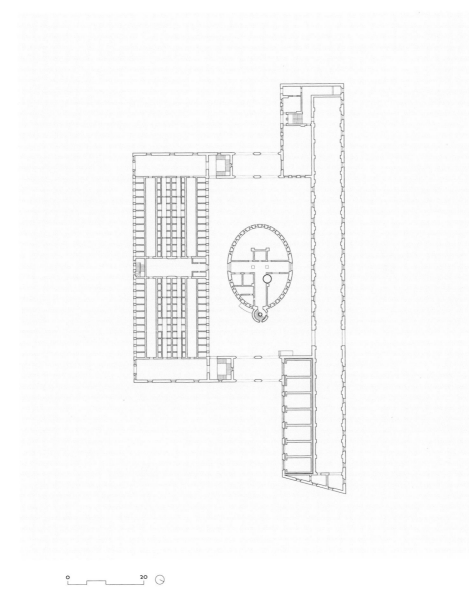

0   20

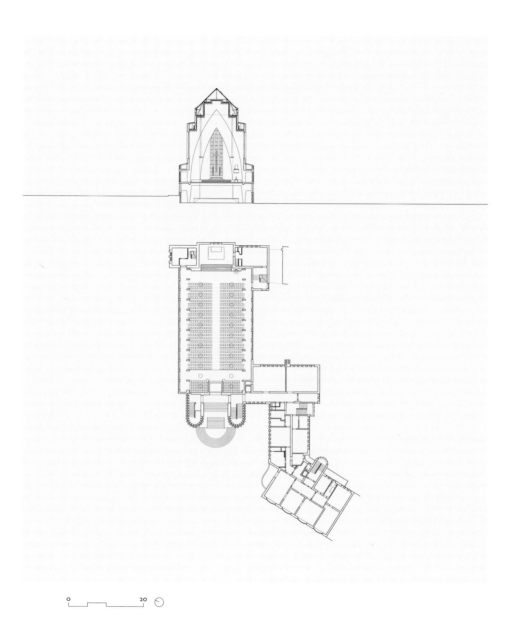

118
Kirche am Hohenzollernplatz | Church on Hohenzollernplatz,
Hohenzollernplatz, Berlin (C), Fritz Höger, 1930–33

119

Nähmaschinenwerk Wittenberge | Wittenberge Sewing Machine
Factory, Bad Wilsnacker Straße 48, Wittenberge (A), Felix S. Ascher,
1928

120

Allgemeine Ortskrankenkasse Berlin-Mitte | Berlin-Mitte Public
Health Insurance Company, Rungestraße 3–6, Berlin (D), Albert
Gottheiner, 1930–31

121

Bekenntniskirche | Confessional Church, Plesserstraße 3–4, Berlin (D),
Curt Steinberg, 1930–31

122

Fernamt | Telephone Exchange, Winterfeldtstraße 19–23, Berlin (C),
Kurt Kuhlow, Otto Spalding, 1922–24, 1926–29

123
Reichsschuldenverwaltung | National Debt Office, Oranienstraße
106–109, Berlin (D), German Bestelmeyer, 1919–24

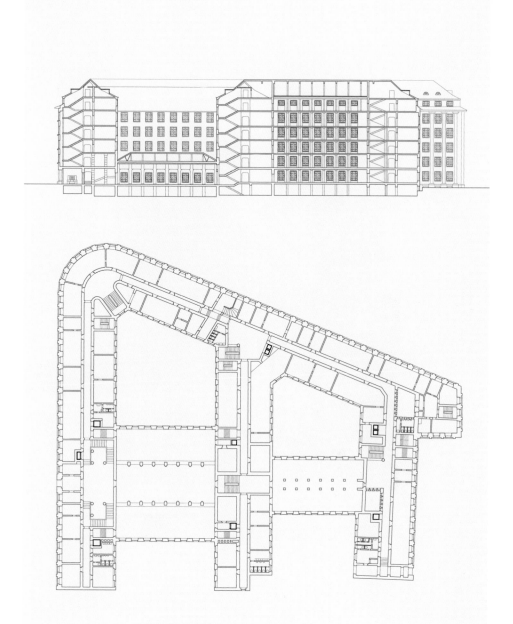

0   20

Haus des Rundfunks | Broadcasting House, Masurenallee 10–14,
Berlin (C), Hans Poelzig, 1929–31

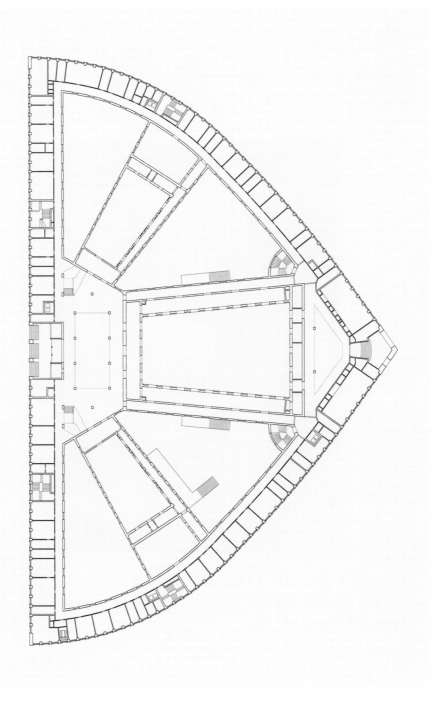

0   20

Postamt SO 36 (Postamt Kreuzberg) | Post Office SO 36 (Kreuzberg
Post Office), Skalitzer Straße 84–92, Berlin (D), Jakob Nissle, 1925–27

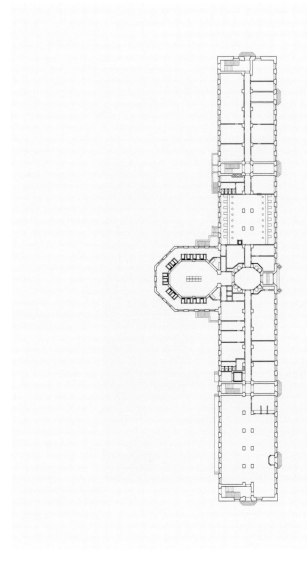

0   20

Oberpostdirektion (Landespostdirektion) | Central Post Directorate
(State Post Directorate), Dernburgstraße 44, 48–54, Herbartstraße
17–18, 20–21, Berlin (C), Willy Hoffmann, 1926–28

127

Reichspostzentralamt | Post Office Headquarters, Ringbahnstraße
126–134, Berlin (E), Karl Pfuhl, 1925–28

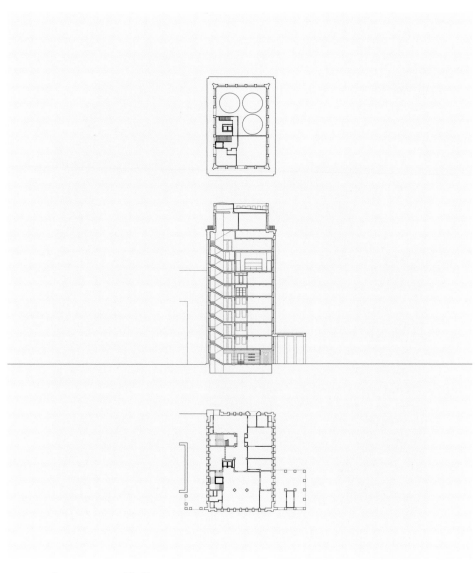

Kraftwerk Klingenberg | Klingenberg Power Station, Köpenicker
Chaussee 42–45, Berlin (D), Werner Issel, Walter Klingenberg,
1925–26

129
Fabrikgebäude Knorr-Bremse | Knorr-Bremse Factory, Hirschberger
Straße 4, Berlin (D), Alfred Grenander, 1922–27

130

Straßenbahnbetriebshof 2 (BVG-Betriebshof Müllerstraße) mit Wohn-
anlage | Tramway Depot 2 (Müllerstraße BVG Depot) with Residential
Building, Müllerstraße 77–81, Berlin (B), Jean Krämer, 1925–27

131
Rathaus und Wasserturm Neuenhagen | Neuenhagen Town Hall and
Water Tower, Am Rathaus 1, Neuenhagen (A), Wilhelm Wagner,
1926

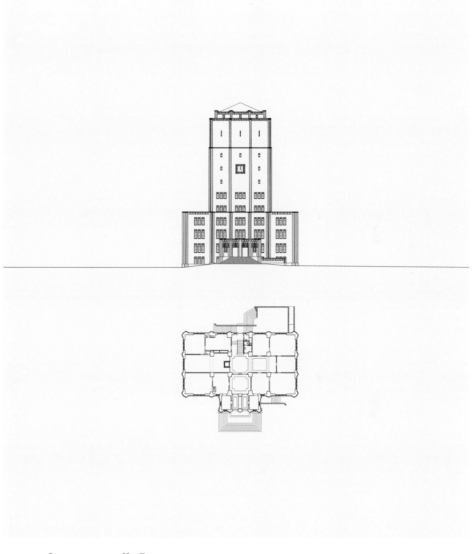

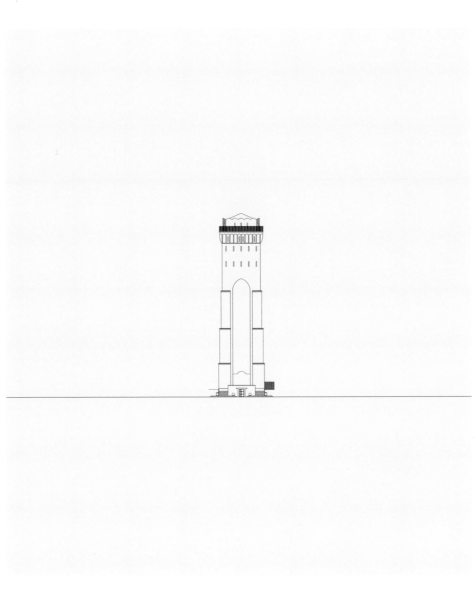

Wasserturm Finow | Finow Water Tower, Am Wasserturm, Ebers-
walde (A), Paul Mebes, 1917–18

133
Borsig-Turm | Borsig Tower, Am Borsigturm, Berliner Straße 35,
Berlin (B), Eugen Schmohl, 1922–24

134
Buchdruckerei des Ullstein-Verlages (Ullstein-Haus) | Ullstein Verlag
Printworks (Ullstein Building), Mariendorfer Damm 1–3, Berlin (E),
Eugen Schmohl, 1924–26

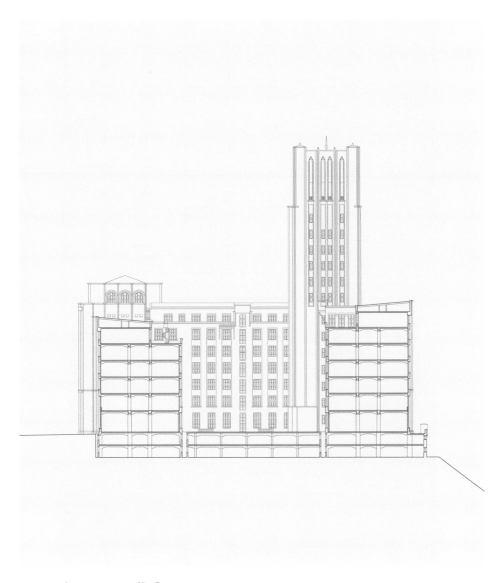

0   20

134

Buchdruckerei des Ullstein-Verlages (Ullstein-Haus) | Ullstein Verlag
Printworks (Ullstein Building), Mariendorfer Damm 1–3, Berlin (E),
Eugen Schmohl, 1924–26

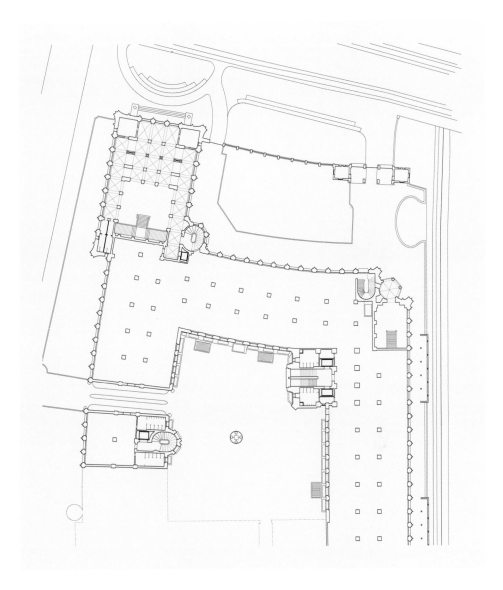

Buchdruckerei des Ullstein-Verlages (Ullstein-Haus) | Ullstein Verlag
Printworks (Ullstein Building), Mariendorfer Damm 1–3, Berlin (E),
Eugen Schmohl, 1924–26

KARTEN
GEBÄUDEREGISTER
ARCHITEKTEN

MAPS
INDEX OF BUILDINGS
ARCHITECTS

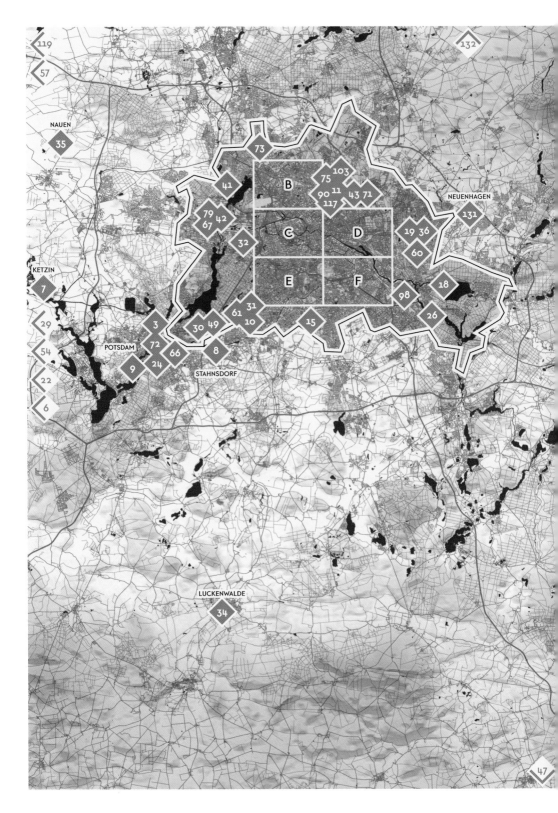

A   2, 3, 4, 5, 6, 7, 8, 9, 10, 11, 14, 15, 16, 18, 19, 22, 23,
     24, 26, 27, 29, 30, 31, 32, 34, 35, 36, 41, 42, 43, 47,
     49, 52, 53, 54, 57, 60, 61, 65, 66, 67, 71, 72, 73, 75, 79,
     90, 98, 103, 117, 119, 131, 132

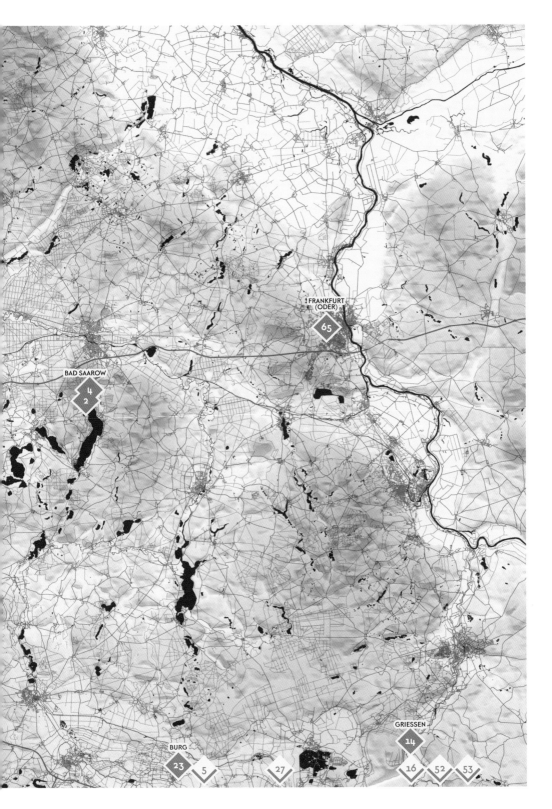

FRANKFURT
(ODER)

BAD SAAROW

GRIESSEN

BURG

0   10   20

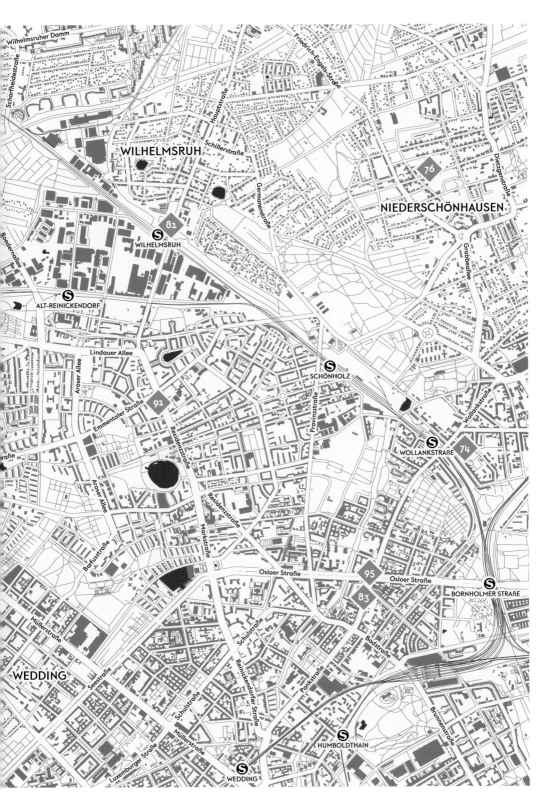

WILHELMSRUH

NIEDERSCHÖNHAUSEN

WEDDING

Wilhelmsruher Damm

Schorfheidestraße

Roedernallee

Friedrich-Engels-Straße

Hauptstraße

Schillerstraße

Germanenstraße

Diesterstraße

76

Grabbeallee

81

WILHELMSRUH

ALT-REINICKENDORF

Lindauer Allee

Aroser Allee

Emmentaler Straße

Residenzstraße

91

Aroser Allee

Provinzstraße

SCHÖNHOLZ

Wollankstraße

WOLLANKSTRASSE

74

Residenzstraße

Markstraße

Bafusstraße

Osloer Straße

95

Osloer Straße

BORNHOLMER STRASSE

83

Schulstraße

Badstraße

Müllerstraße

Seestraße

Schulstraße

Reinickendorfer Straße

Pankstraße

Brunnenstraße

Müllerstraße

HUMBOLDTHAIN

Luxemburger Straße

WEDDING

0   0,5   1,0

C 17, 25, 33, 37, 40, 50, 55, 77, 86, 87, 88, 97, 99, 101,
106, 107, 108, 109, 112, 114, 115, 118, 122, 124, 126

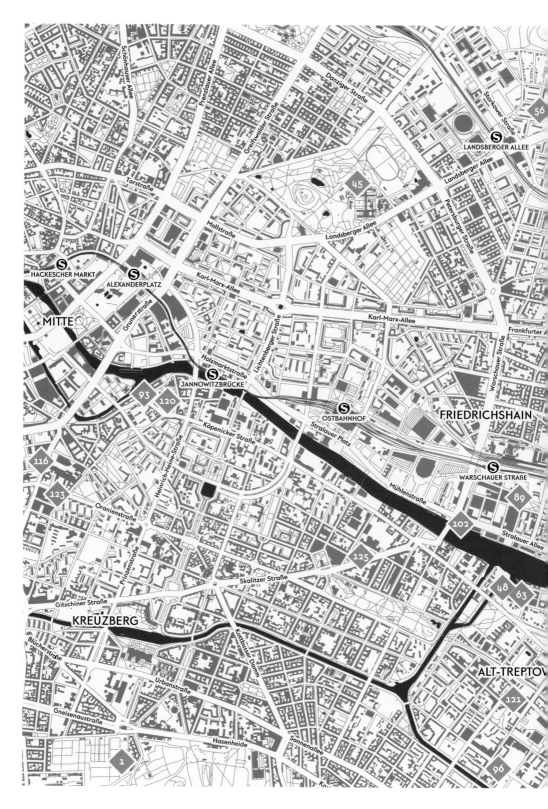

D   1, 21, 45, 46, 48, 56, 63, 70, 84, 89, 93, 96, 102, 104,
     105, 113, 116, 120, 121, 123, 125, 128, 129

FENNPFUHL

Landsberger Allee

Weißenseer Weg

STORKOWER STRAßE

Storkower Straße

LICHTENBERG

84

Möllendorffstraße

Rhinstraße

Rhinstraße

70

FRIEDRICHSFELDE OST

113

FRANKFURTER ALLEE

Frankfurter Allee

Frankfurter Allee

Alt-Friedrichsfelde

Gürtelstraße

LICHTENBERG

Rhinstraße

Am Tierpark

FRIEDRICHSFELDE

129

NÖLDNERPLATZ

105

OSTKREUZ

Markgrafendamm

RUMMELSBURG

RUMMELSBURG

Hauptstraße

104

Hauptstraße

Puschkinallee

TREPTOWER PARK

46

BETRIEBSBAHNHOF RUMMELSBURG

Am Treptower Park

Alt-Treptow

128

Bulgarische Straße

21

0   0,5   1,0

JULIUS-LEBER-BRÜCKE

Dudenstraße

94

Columbiadamm

Hauptstraße

20

SCHÖNEBERG

Tempelhofer Damm

Boelckestraße

exstraße

38

INNSBRUCKER PLATZ

Sachsendamm

SÜDKREUZ

TEMPELHOF

Hauptstraße

62

127

TEMPELHOF

Grazer Damm

80

Manteuffelstraße

Tempelhofer Damm

Thorwaldsenstraße

PRIESTERWEG

134

Munsterdamm

Mariendorfer Damm

78

Attilastraße

Steglitzer Damm

Halskestraße

SÜDENDE

ATTILASTRASSE

Attilastraße

Großbeerenstraße

MARIENDOR

Siemensstraße

Leonorenstraße

Kaiser-Wilhelm-Straße

LANKWITZ

Friedenstraße

Mariendorfer Damm

Kamenzer Damm

0   0,5   1,0

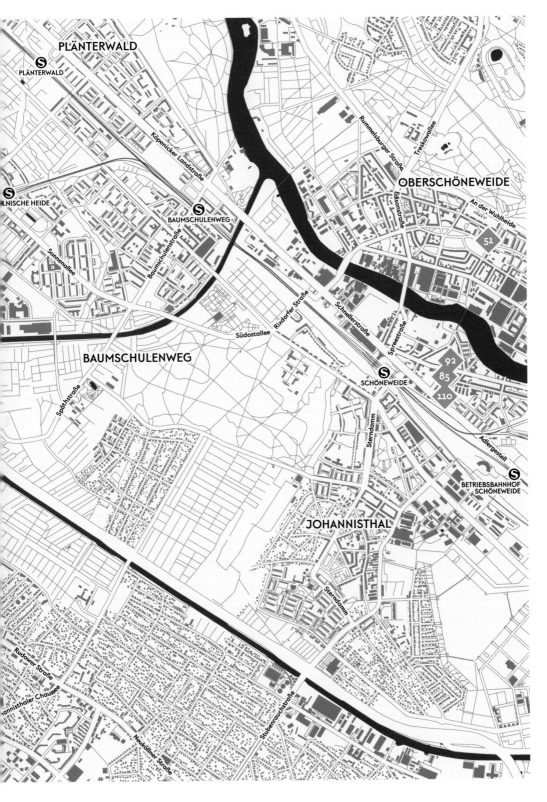

PLÄNTERWALD

Ⓢ
PLÄNTERWALD

Köpenicker Landstraße

Ⓢ
LNISCHE HEIDE

Ⓢ
BAUMSCHULENWEG

OBERSCHÖNEWEIDE

Rummelsburger Straße

Treskowallee

Edisonstraße

An der Wuhlheide

51

Baumschulenstraße

Sonnenallee

Rixdorfer Straße

Schnellerstraße

Spreestraße

Südostallee

92
85

BAUMSCHULENWEG

Ⓢ
SCHÖNEWEIDE

110

Späthstraße

Sterndamm

Adlergestell

Ⓢ
BETRIEBSBAHNHOF
SCHÖNEWEIDE

JOHANNISTHAL

Rudower Straße

nnisthaler Chaussee

Sterndamm

Neuköllner Straße

Stubenrauchstraße

0   0,5   1,0

GEBÄUDEREGISTER

WOHNHÄUSER

SAKRALBAUTEN

WOHNGEBÄUDE

INDEX OF BUILDINGS

ARCHITEKTEN | ARCHITECTS

QUELLEN I SOURCES

Sämtliche Bilder sind in den Jahren 2010 und 2014 entstanden. Grundlage der Zeichnungen ist historisches Planmaterial aus Zeitschriften, Mongrafien und Archiven. Der ausgeführte wie auch heutige Zustand weicht deshalb mitunter von den Zeichnungen ab.
Bei den Gebäudebezeichnungen werden historische Namen zuerst genannt, heutige stehen in Klammern. Die Daten geben den Bauzeitraum oder das Fertigstellungsjahr der Gebäude beziehungsweise relevanter Um- oder Anbauten an. Der Großbuchstabe in Klammern verweist auf die entsprechende Karte in diesem Buch. Sämtliche Daten wurden mit höchster Sorgfalt erhoben. Unsichere Angaben sind mit einem Fragezeichen gekennzeichnet. Architekt und Baujahr waren nicht in allen Fällen zu ermitteln; die Autoren bedanken sich vorab für ergänzende Hinweise.

All of the pictures were taken between of 2010 and 2014. The drawings are based on historic material taken from periodicals, monographs or found in archives. The appearance of the buildings, either as they were built or as they stand today, may differ for this reason.
The original names of the buildings are listed first, with current names following in brackets. The dates give the period of construction or the date of completion and those of any significant renovations or extensions. The capital letter in brackets refers to the relevant map in this book. Dates were sourced and scrutinised with the greatest care. Uncertain entries are marked with a question mark. The architect and year of completion were not always available; the authors offer thanks in advance for any information submitted.

LITERATUR I FURTHER READING

Architekten- und Ingenieur-Verein zu Berlin (Hg.|ed.): Berlin und seine Bauten. Teil X, Bd. A(2)|Part X, vol. A(2): Stadttechnik. Petersberg 2006; Denkmaldatenbank Berlin, http://www.stadtentwicklung.berlin.de/denkmal/liste_karte_datenbank/de/denkmaldatenbank/index.shtml; Bodenschatz, Harald; Seifert, Carsten: Stadtbaukunst. Brandenburg an der Havel vom Mittelalter bis zur Gegenwart. Berlin 1992; Bollé, Michael: Die Grossfunkstation Nauen und ihre Bauten von Hermann Muthesius. Berlin 1996; Brachmann, Christoph; Steigenberger, Thomas (Hg.|ed.): Ein Schwede in Berlin. Der Architekt und Designer Alfred Grenander und die Berliner Architektur (1890–1914). Korb 2010; Dost, Susanne: Richard Brademann (1884–1965). Architekt der Berliner S-Bahn. Berlin 2002; Güttler, Peter u. a.|et al.: Berlin Brandenburg. Ein Architekturführer. Berlin 1993; Huebner, Dieter: Landkreis Spree-Neiße. Teil 1|Part 1: Städte Forst (Lausitz) und Guben, Amt Peitz und Gemeinde Schnekendöbern (Denkmaltopographie Bundesrepublik Deutschland, Denkmale in Brandenburg, Bd.|vol. 16.1). Worms 2012; Hübner, Ulrich: Kultur- und Baugeschichte der deutschen Krematorien (Landesamt für Denkmalpflege Sachsen, Arbeitsheft 20|no. 20). Dresden 2013; Kahlfeldt, Paul: Die Logik der Form. Berliner Backsteinbauten von Hans Heinrich Müller. Berlin 2004; Laible, Ulrike (Hg.|ed.): Architektur in Brandenburg. Bauten der Weimarer Republik. Salenstein 2011; Pehnt, Wolfgang; Schirren, Matthias (Hg.|ed.): Hans Poelzig 1869–1936. Architekt Lehrer Künstler. Stuttgart 2007; Turtenwald, Claudia: Fritz Höger (1877–1949). Architekt zwischen Stein und Stahl, Glas und Beton. Dissertation Westfälische Wilhelms-Universität zu Münster 2003.

DANKSAGUNG | ACKNOWLEDGEMENTS

Fragments of Metropolis ist nur durch die Unterstützung
großartiger Freunde und Förderer möglich geworden. Sie
haben Pläne gezeichnet, uns beim Layout unterstützt, die
Texte übersetzt, das Buch während des Crowdfundings
bekannter gemacht, mit finanziellen Zuwendungen den
Druck des Buches ermöglicht, mit ihrem Enthusiamus uns
letztlich immer wieder motiviert.
Allen sei hier gedankt!

Fragments of Metropolis has only been made possible with
the help of our extraordinary friends and supporters. They
drew plans, helped us with the layouts, translated texts,
spread the word during the crowdfunding campaign, and
finally, continually motivated us with their enthusiasm.
We thank all of you!

FÖRDERER | SPONSORS

Ernst Schindler Stiftung, Zürich
Ziegert Bank- und Immobilienconsulting GmbH, Berlin

GÖNNER | SUPPORTERS

David Belart
Manuela Beutler &
Sabine Molls
Sebastian Claussnitzer
Caroline Fiechter
Sebastian Holzhausen
Oskar Hüging
Eva-Maria Kämpf &
Jens N. Daldrop
Lilian & Lutz Kögler
Marek Körner
Stephan Kress
Petra & Olaf Lehmann
Raul Mera
Erika & Rolf Molls

Karin Molls
nightnurse images, Zürich
Thomas Nölleke Graphic
Studio
Sebastian Pater
Evgenia Pronina
Christopher Saller
Fiona Scherkamp
Julian Schmidt-Eichberg
Uwe Völcker
Annabell Wolff &
Vincent Bowman
Chlaus Wuermli
Clemens Zirkelbach
Ioannis Zonitsas

Kristalline Stadtlandschaft | Crystal Cityscape, Hans Poelzig, 1929

IMPRESSUM | IMPRINT

Hirmer Verlag GmbH
Nymphenburger Straße 84
80636 München | Munich

KONZEPT | CONCEPT
Niels Lehmann, Christoph Rauhut

GESTALTUNG | LAYOUT
Niels Lehmann, Christoph Rauhut

ÜBERSETZUNG | TRANSLATION
Philip Shelley

LEKTORAT | COPY-EDITING
Tanja Bokelmann

KORREKTORAT | PROOFREADING
Tanja Bokelmann (Deutsch), Jane Michael (English)

DRUCK, BINDUNG, LITHOGRAFIE | PRINTING, BINDING, LITHOGRAPHY
PASSAVIA Druckservice GmbH & Co.

PAPIER | PAPER
Profi silk 150g/m^2

SCHRIFTEN | TYPES
Koban 3000, BA13

ABBILDUNGEN | PICTURES
Turnhalle Villa Gutmann | Villa Gutmann Sports Hall: © Jürgen Strauss
Großfunkstation Nauen | Nauen Transmitter Station: © Media Broadcast
Kristalline Stadtlandschaft | Crystal Cityscape: © Private Sammlung, Zürich
Alle weiteren Abbildungen | All other pictures: © Niels Lehmann

ZEICHNUNGEN | DRAWINGS
Annina Baumgartner, Kristina Bindernagel, Daria Blaschkiewitz, Jens Daldrop, Jenny Dittrich, Nicole
Gamisch, Felix Greiner-Petter, Michael Grunitz, Andres Herzog, Niels Lehmann, Stephan Liebscher,
Ties Linders, Hannes Mahlknecht, Stefan Niggemeyer, João Peralta, Evgenia Pronina, Michael Rabe,
Christoph Rauhut, Jutta Romberg, Hannes Rutenfranz, Petra Schwyter, Nils Tennhoff, Florian Summa,
Fabian Tschök, Clemens Wagner, Christine Wilkening-Aumann, Karl Wruck

KARTEN | MAPS
© OpenStreetMap und Mitwirkende, CC-BY-SA

Die Herausgeber haben sich bemüht, alle Inhaber von Urheberrechten ausfindig zu machen. Sollten
dabei Fehler unterlaufen sein, werden diese entsprechend einer Benachrichtigung in den nachfolgen-
den Auflagen korrigiert und die Rechtsansprüche im üblichen Rahmen abgegolten.

The publishers and the editors have endeavoured in all cases to discover the owners of the rights to the
pictures. Any errors or omissions will be rectified in subsequent editions and any justified claims in this
regard will of course be recompensed under the usual agreements.

2. überarb. Auflage 2016   ISBN 978-3-7774-2678-5
(1. Auflage 2015   ISBN 978-3-7774-2290-9)
© Hirmer Verlag GmbH, München; Niels Lehmann; Christoph Rauhut

www.hirmerverlag.de | www.hirmerpublishers.com
www.fragmentsofmetropolis.eu

Biliografische Information der Deutschen Nationalbibliothek
Die Deutsche Nationalbibliothek verzeichnet diese Publikation in der Deutschen Nationalbibliografie;
detaillierte bibliografische Daten sind im Internet über http://dnb.d-nb.de abrufbar.

Biliographic Information published by the Deutsche Nationalbibliothek
The Deutsche Nationalbibliothek lists this publication in the Deutsche Nationalbiblio-grafie; detailed
bibliographic data is available on the internet at http://dnb.d-nb.de.